d'anglais commercial

pour contrôler
et améliorer
votre anglais commercial
GB/US

par

Michel Marcheteau

Agrégé d'anglais

*Professeur émérite
à l'École supérieure de commerce de Paris*

POCKET

Langues pour tous

Collection dirigée par Jean-Pierre Berman, Michel Marcheteau et Michel Savio

ANGLAIS Langue de spécialité

❑ Langues des affaires
- S'initier à l'anglais commercial en 40 leçons
- L'anglais économique et commercial
- Vendre en anglais
- Dictionnaire de l'anglais économique, commercial et financier
- Correspondance commerciale en anglais (GB/US)
- Vocabulaire de l'anglais commercial
- L'anglais du tourisme, de l'hôtellerie et de la restauration

❑ Série BMS
- Dictionnaire de l'anglais juridique
- Dictionnaire de l'anglais de l'informatique
- Dictionnaire de l'anglais économique, commercial et financier
- Marketing et publicité en anglais
- L'anglais juridique
- Dictionnaire de l'environnement et du développement durable
- Dictionnaire des vins, bières et spiritueux du monde
- La communication scientifique en anglais
- Business & Economics. L'anglais économique et commercial
- Vendre en anglais

❑ Sciences et techniques, médias
- Comprendre l'anglais parlé (US/GB) (CD)
- La communication scientifique en anglais (BMS)

❑ Série « Tout de suite ! » de spécialité
- L'anglais en réunion tout de suite ! (CD)
- L'anglais au téléphone tout de suite ! (CD)
- L'anglais de l'entretien tout de suite ! (CD)
- Le CV en anglais tout de suite !
- Vendre en anglais tout de suite ! (CD)
- L'accueil en anglais tout de suite ! (CD)
- L'anglais au bureau tout de suite ! (CD)

(CD) = Existence d'un coffret : Livre + CD
Attention ! Les CD ne peuvent être vendus séparément du livre.

Sommaire

- **Présentation** — 5
- **Table de prononciation** — 6

- **Partie A : TEST**
  100 questions — 7
  Corrigé de A — 28
  Diagnostic — 29

- **Partie B : TRAITEMENT**
  100 phrases à traduire de français en anglais — 30

- **Partie C : CONTRÔLE**
  100 phrases en français à traduire en anglais — 152
  Corrigé de C — 155

- **Index des points traités** — 159

Michel Marcheteau, agrégé d'anglais, a été professeur et directeur des études à l'École supérieure de commerce de Paris et conseiller linguistique au CELSA (Paris IV). Codirecteur de la collection « Langues pour tous », il est auteur ou coauteur de plusieurs ouvrages d'anglais économique et commercial et s'est spécialisé dans les méthodes d'auto-apprentissage.

Le Code de la propriété intellectuelle n'autorisant, aux termes des paragraphes 2 et 3 de l'article L. 122-5, d'une part, que les « copies ou reproductions strictement réservées à l'usage privé du copiste et non destinées à une utilisation collective » et, d'autre part, que les analyses et les courtes citations dans un but d'exemple ou d'illustration, « toute représentation ou reproduction intégrale ou partielle faite sans le consentement de l'auteur ou de ses ayants droit ou ayants cause est illicite » (article L. 122-4). Cette représentation ou reproduction, par quelque procédé que ce soit, constituerait donc une contrefaçon sanctionnée par les articles L. 335-2 et suivants du Code de la propriété intellectuelle.

© 2010, Éditions Pocket – Langues pour Tous,
département d'Univers Poche.

ISBN : 978-2-266-20176-6

Présentation

100 tests d'anglais commercial vous permet de tester et de développer vos connaissance en anglais commercial.

Il comporte 3 parties :

A – un test en 100 questions, suivi de leur corrigé ;

B – des fiches qui traitent la question testée, et font le point sur les notions et le vocabulaire qui s'y rapportent ;

C – des exercices de contrôle sur les 100 points traités : 100 phrases à traduire de français en anglais, avec leur corrigé.

Un index thématique renvoyant aux fiches de la partie B permet une consultation facile et l'accès rapide à l'information recherchée.

Table de prononciation • LPT = Langues pour tous

anglais **LPT** **API** (Association de phonétique internationale)

VOYELLES BRÈVES

city	[siti]	['sɪtɪ]	son *i* de *mini*, plus bref	[i]	[ɪ]
cat	[kat]	[kæt]	son *a* de *patte*, plus bref	[a]	[æ]
not	[not]	[nɒt]	son *o* de *note*, plus bref	[o]	[ɒ]
book	[bouk]	[bʊk]	son *ou* de *pou*, plus bref	[ou]	[ʊ]
bread	[brèd]	[bred]	son de *fève*	[è]	[e]
cup	[kœp]	[kʌp]	son entre *a* et *eu* de *neuf*	[œ]	[ʌ]
attend	[etènd]	[ə'tend]	son *e* de *le*, très atténué	[e]	[ə]

VOYELLES LONGUES

meat	[mi:t]	[miːt]	son *i* de *mie*, plus long	[i]	[iː]
fast	[fa:st]	[faːst]	son de *âme*, plus long	[a:]	[aː]
horse	[ho:s]	[hɔːrs]*	son *o* de *gorge*	[o:]	[ɔː]
food	[fou:d]	[fuːd]	son *ou* de *moue*, plus long	[ou:]	[uː]
work	[weu:k]	[wɜːk]	son *eu* de *peur*, plus long	[eu]	[ɜː] ou [əː]

SEMI-VOYELLE

due	[diou:]	[djuː]	son *iou* comme dans *pioupiou*	[iou:]	[j]

SONS DOUBLES (DIPHTONGUES)

cry	[kraï]	[krai]	comme dans *aïe !* ou *aille*	[aï]	[ai]
great	[gréït]	[greit]	comme dans *oseille*	[éï]	[eɪ]
boy	[boï]	[bɔi]	comme dans *oyez !*	[oï]	[ɔi]
town	[ta-oun]	[taʊn]	comme dans *caoutchouc*	[a-ou]	[aʊ]
roll	[re-oul]	[rəʊl]	son *e* glissant sur *ou*	[e-ou]	[əʊ]
beer	[bi-eʳ]*	[bɪəʳ]	son *i* glissant sur *e*	[i-e]	[ɪə]
poor	[pou-eʳ]*	[pʊəʳ]	*ou* glissant sur *e*	[ou-e]	[ʊə]
bear	[bè-eʳ]*	[bəəʳ]	*è* glissant sur *e*	[è-e]	[eə]

CONSONNES

that	[żat]	[ðæt]	le **th** un peu comme un *z* « zézayé »	[ż]	[ð]
thin	[sin]	[θɪn]	*s* avec le bout de la langue entre les dents	[ṡ]	[θ]
she	[chi:]	[ʃiː]	le **sh** se prononce *ch*	[ch]	[ʃ]
bring	[briṅ]	[brɪŋ]	*ing* se prononce comme *ing* dans *ping-pong*	[ṅ]	[ŋ]
measure	[mèjeʳ]*	['meʒəʳ]	avec le *j* de *jeu*	[j]	[ʒ]
help	[hèlp]	[help]	le *h* est prononcé et « expiré »	[h]	[h]

* Remarque : le petit ʳ indique que le *r*, normalement muet, est prononcé en liaison ou en américain.

A   TEST

1. Choisir parmi les *quatre* réponses proposées la solution **a**, **b**, **c** ou **d** qui permet de compléter la phrase.

   Pour chacun des 100 éléments du test, il n'existe qu'une seule bonne réponse.

   · cochez la réponse choisie, puis
   · consulter le corrigé en A, p. 28.

2. Faites le total des points obtenus en comptant 1 point par bonne réponse, zéro point par réponse fausse ou absence de réponse.

   Vous obtiendrez un résultat sur 100 qui vous permettra :
   a. de vous situer sur la grille de niveau (Diagnostic, p. 29) ;
   b. de remédier à vos difficultés en étudiant dans la partie B (TRAITEMENT) les points sur lesquels vous avez fait des fautes.

3. Après avoir étudié cette partie B, faites les exercices de traduction de la partie C (CONTRÔLE) ; vous pourrez ainsi mesurer vos progrès.

Attention : si vous ne trouvez pas la bonne réponse à un des éléments du test, n'essayez pas de répondre au hasard ; cela fausserait l'évaluation d'ensemble et ne résoudrait pas vos difficultés.

| **A** | Cochez une des 4 lettres (**a**, **b**, **c** ou **d**). Pour établir votre score, voir corrigé p. 28). |

1. We'll stop ordering from them if they cannot meet delivery ……

   a. deadlocks
   b. deadlines
   c. delays
   d. appointments

2. Land and buildings also go by the name of ……

   a. real property
   b. personal property
   c. private property
   d. personal estate

3. A …… is a non-profit organization.

   a. corporation
   b. partnership
   c. society
   d. concern

4. You'll be required to …… a deposit.

   a. do
   b. make
   c. spend
   d. let

5. A dud check is ……

   a. a bad cheque
   b. a check for a high amount
   c. a check on a foreign bank
   d. an uncrossed check

Score ……

A	Cochez une des 4 lettres (**a**, **b**, **c** ou **d**). Pour établir votre score, voir corrigé p. 28).

6. Quotations have reached an all-time ......

    a. height
    b. high
    c. summit
    d. growth

7. Insurance ...... have gone up dramatically.

    a. bonuses
    b. premiums
    c. prime rates
    d. booms

8. The bill will ...... due on November 15th.

    a. drop
    b. arrive
    c. become
    d. fall

9. The articles are not ...... to sample

    a. true
    b. acute
    c. same
    d. accurate

10. Common stock means ......

    a. gilt-edged securities
    b. mortgage bonds
    c. ordinary shares
    d. Treasury bills

Score ......

| **A** | Cochez une des 4 lettres (**a**, **b**, **c** ou **d**). Pour établir votre score, voir corrigé p. 28). |

11. All these articles are …… display in our showrooms.
   a. in
   b. at
   c. on
   d. among

12. Please put me …… extension 506.
   a. through to
   b. forward
   c. into
   d. toward

13. We require new customers to leave a 25% cash ……
   a. deposit
   b. discount
   c. register
   d. and carry

14. This is the last order we are going to …… with them.
   a. pass
   b. send
   c. place
   d. apply

15. There is no alternative but to …… a petition in bankruptcy.
   a. float
   b. fulfil
   c. fill
   d. file

Score ……

| **A** | Cochez une des 4 lettres (**a**, **b**, **c** ou **d**). Pour établir votre score, voir corrigé p. 28). |

16. …… is a US synonym for shareholder.

   a. Bondholder
   b. Stockholder
   c. Sleeping partner
   d. Stockbroker

17. My bank has granted me …… facilities.

   a. overdrawn
   b. overdraft
   c. borrow
   d. withdraw

18. I hope the date and time will be …… for you.

   a. according
   b. relevant
   c. confident
   d. convenient

19. The drawer of a bill of exchange is the ……

   a. creditor
   b. debtor
   c. payer
   d. drawee

20. Limited partners are liable ……

   a. for the whole of the debts of the firm
   b. to the full extent of their real property
   c. only for one half of their investment
   d. only to the extent of the amount they have invested

Score ……

| A | Cochez une des 4 lettres (**a**, **b**, **c** ou **d**). Pour établir votre score, voir corrigé p. 28). |

21. Her job is not exciting, but she ...... good wages.

   a. wins
   b. gains
   c. draws
   d. achieves

22. Would you perfer a lump-sum settlement or payment by ...... ?

   a. instalments
   b. temperament
   c. implements
   d. increments

23. In "Brown and Mason Inc.", Inc. stands for ......

   a. included
   b. incorporated
   c. incapacitated
   d. incentive

24. Her ......places her ahead of the other applicants.

   a. liability
   b. life estate
   c. track-record
   d. roller-coaster

25. Why haven't the goods been ...... through customs yet?

   a. cleared
   b. freed
   c. issued
   d. forwarded

Score ......

| **A** | Cochez une des 4 lettres (**a**, **b**, **c** ou **d**). Pour établir votre score, voir corrigé p. 28). |

26. SEC stands for ......

   a. Securities and Exchange Commission
   b. Standard Exchange Costs
   c. Specially Extended Credit
   d. Surplus Expenses in Cash

27. The point at which the volume of sales or production covers related costs and expenses without profit and without loss is the ...... point.

   a. breakdown
   b. threshold
   c. dead-end
   d. break-even

28. CPA stands for ......

   a. Certified Priority of Access
   b. Certified Public Accountant
   c. Cash Payment Award
   d. Confederation of Private Auditors

29. Our supplier no longer delivers spare ......

   a. goods
   b. wares
   c. pieces
   d. parts

30. We now have a wide ...... of articles.

   a. range
   b. scope
   c. bracket
   d. survey

Score ......

A	Cochez une des 4 lettres (**a**, **b**, **c** ou **d**). Pour établir votre score, voir corrigé p. 28).

31. Shop-lifters ......

   a. operate lifts or elevators
   b. steal merchandise in stores
   c. supervise salespeople in department stores
   d. handle customers' complaints

32. A bill of lading is ......

   a. a document acknowledging the receipt of goods and stipulating the terms of the contract of carriage
   b. a promise to pay on the part of the debtor
   c. a document authorizing the payment of damages
   d. a pro-forma invoice for the transport of goods

33. ...... are speculators (or investors) who expect a rise in stock-market quotations.

   a. Bears
   b. Bulls
   c. Bearers
   d. Cash cows

34. The consignee is ......

   a. the person who sends out the goods
   b. the person to whom the goods are sent
   c. the person who packs and labels the goods
   d. the legal owner of the goods

35. All the figures listed are seasonally ......

   a. corrected
   b. adjusted
   c. edited
   d. modified

Score ......

| **A** | Cochez une des 4 lettres (**a**, **b**, **c** ou **d**). Pour établir votre score, voir corrigé p. 28). |

36. ...... bonds are high-yield high-risk bonds.

   a. Junk
   b. Crash
   c. Growth
   d. Glut

37. There has been a sharp drop in the sales of electrical ......

   a. households
   b. outlets
   c. applicants
   d. appliances

38. The generally accepted method for the valuation of ...... is cost or market, whichever is lower.

   a. benefits
   b. trainees
   c. inventories
   d. overheads

39. LBO stands for ......

   a. Leveraged Buy-Out
   b. Low Business Overheads
   c. Large Business Organisation
   d. List of Buying Opportunities

40. The fluctuations reflect the law of ......

   a. offer and demand
   b. supply and offer
   c. offer and order
   d. supply and demand

Score ......

| **A** | Cochez une des 4 lettres (**a**, **b**, **c** ou **d**). Pour établir votre score, voir corrigé p. 28). |

41. COD means ......

   a. Cost Of Duties
   b. Change Of Date
   c. Catalogue On Demand
   d. Cash On Delivery

42. The index is up again, after ...... a five-year low.

   a. meeting
   b. hitting
   c. getting
   d. hedging

43. ...... means general expenses.

   a. Overheads
   b. Overalls
   c. Turnover
   d. Prospects

44. Please find ...... a cheque for the amount.

   a. included
   b. joined
   c. enclosed
   d. granted

45. Ask them to run our ...... in Monday's issue.

   a. add
   b. ad
   c. spot
   d. commercial

Score ......

| **A** | Cochez une des 4 lettres (**a**, **b**, **c** ou **d**). Pour établir votre score, voir corrigé p. 28). |

46. In spite of that temporary drop ...... consumer demand, annual consumption increased ...... 3%.

   a. in · of
   b. of · by
   c. in · by
   d. by · of

47. Consumers have gone on a buying ......

   a. wave
   b. rush
   c. tide
   d. spree

48. More than two ...... workers are threatened by redundancies.

   a. thousand
   b. thousands
   c. thousands of
   d. thousand of

49. Since the implementation of the new safety measures, there have been far fewer ......

   a. job wrecks
   b. work wounds
   c. industrial injuries
   d. sickness benefits

50. We'll have to ...... for breach of contract.

   a. proceed
   b. take legal action
   c. process
   d. start a trial

Score ......

| **A** | Cochez une des 4 lettres (**a**, **b**, **c** ou **d**). Pour établir votre score, voir corrigé p. 28). |

51. For more detailed information, please call our ...... number.

   a. free-trade
   b. duty-free
   c. free of charge
   d. toll-free

52. The bank has refused to make us a ......

   a. borrow
   b. loan
   c. lend
   d. mortgage

53. Successful applicants should be in their late twenties and preferably university ......

   a. degrees
   b. graduated
   c. graduates
   d. awarded

54. Exporters now have to ...... these regulations.

   a. comply with
   b. afford to
   c. abide
   d. compel

55. Please send us the invoice in ......

   a. double
   b. examples
   c. duplicate
   d. twice

| **A** | Cochez une des 4 lettres (**a**, **b**, **c** ou **d**). Pour établir votre score, voir corrigé p. 28). |

56. ...... of property is legal evidence of ownership.

  a. A deed
  b. An act
  c. A bill
  d. An estimate

57. Our terms of payment are 20% with the order and the ...... on delivery.

  a. sold
  b. remains
  c. balance
  d. complete

58. When it was announced that the pay-rise had been granted, the unions decided to call ...... the strike.

  a. out
  b. away
  c. up
  d. off

59. For more detailed information, please apply ...... the Head office.

  a. for
  b. with
  c. to
  d. on

60. If the article is faulty, you'll be ......

  a. settled
  b. claimed
  c. refunded
  d. recovered

Score ......

| **A** | Cochez une des 4 lettres (**a**, **b**, **c** ou **d**). Pour établir votre score, voir corrigé p. 28). |

61. In accounting, the loss in value due to wear and tear of fixed-assets is compensated for by ...... allowances.

   a. redemption
   b. dereliction
   c. breakdown
   d. depreciation

62. For all motorists, ... insurance is compulsory.

   a. third-party
   b. one third
   c. the third
   d. third person

63. Click on our ..... and select your destination

   a. word-processing
   b. home page
   c. mail-order
   d. end-of-aisle

64. His car had been bought ...... credit.

   a. at
   b. with
   c. on
   d. for

65. We haven't ...... any order from them this month.

   a. placed
   b. booked
   c. withdrawn
   d. become

| **A** | Cochez une des 4 lettres (**a**, **b**, **c** ou **d**). Pour établir votre score, voir corrigé p. 28). |

66. The cost of labor in this country is too high, and we'll have to ... several of our plants.

   a. countertrade
   b. securitize
   c. incorporate
   d. relocate

67. The ...... company owns more than 60% of the subsidiary's capital.

   a. parent
   b. mother
   c. branch
   d. corporation

68. These stores will provide new ...... for our products.

   a. outlays
   b. lay-outs
   c. outlets
   d. outfits

69. Such agreements between supposedly rival firms would clearly be in ...... of trade.

   a. restriction
   b. reduction
   c. restraint
   d. retention

70. You'll get compensation in case of ...... of contract.

   a. break
   b. breach
   c. broke
   d. breakage

Score ......

A	Cochez une des 4 lettres (**a**, **b**, **c** ou **d**). Pour établir votre score, voir corrigé p. 28).

71. The new deduction will benefit taxpayers in the lower income ......

a. target
b. scope
c. bracket
d. range

72. Domestic consumption will not increase significantly, so that we now have to ...... new markets.

a. tap
b. tip
c. tape
d. top

73. Our sales ...... will have to be revised down.

a. widespread
b. outlooks
c. outlines
d. forecasts

74. A hedge fund is ......

a. a highly speculative fund
b. a country or location where no tax is levied on corporations and financial transactions
c. a high-risk mortgage loan
d. a bonus paid out to a new manager on his taking office

75. A ...... partner does not take an active part in the day-to-day running of the business.

a. general
b. limited
c. co-
d. joint

A	Cochez une des 4 lettres (**a**, **b**, **c** ou **d**). Pour établir votre score, voir corrigé p. 28).

76. The description of the property to be insured is set out in the ……

   a. schedule
   b. shipment
   c. timetable
   d. overruns

77. P2P means ……

   a. price for two products
   b. price of two policies
   c. payment by two promissory notes
   d. peer-to-peer

78. The price of …… oil has been going up steadily.

   a. raw
   b. gross
   c. crude
   d. coarse

79. The market is shrinking and we'll have to …… production.

   a. trigger
   b. bottom out
   c. scatter
   d. phase out

80. They have acquired a 20% …… in the company.

   a. stake
   b. scale
   c. bid
   d. boost

Score ……

| **A** | Cochez une des 4 lettres (**a**, **b**, **c** ou **d**). Pour établir votre score, voir corrigé p. 28). |

81. An IOU is ......

   a. the acknowledgement of a debt
   b. a round-trip ticket
   c. a luncheon-voucher
   d. a statement of account

82. It's a medium-sized firm initially set up by one of our former ......

   a. workshops
   b. commercials
   c. enclosures
   d. executives

83. The trade ...... between the two countries keeps widening.

   a. gape
   b. gap
   c. glut
   d. gate

84. We invite ...... from potential suppliers and will award the contract to the lowest bidder.

   a. mergers
   b. take-overs
   c. tenders
   d. lay-offs

85. The company's net assets are estimated ...... approximately USD 20 million.

   a. at
   b. to
   c. in
   d. for

A	Cochez une des 4 lettres (**a**, **b**, **c** ou **d**). Pour établir votre score, voir corrigé p. 28).

86. The hotel can …… 200 guests.

   a. retail
   b. lodge
   c. accommodate
   d. inhabit

87. It would be convenient if delivery could be …… a week.

   a. earlier
   b. brought forward
   c. stepped up
   d. forwarded

88. This item is not on today's ……; I suggest we discuss it at our next meeting.

   a. diary
   b. floor
   c. scheme
   d. agenda

89. We are looking forward …… from you soon.

   a. to hear
   b. hearing
   c. to hearing
   d. of hearing

90. The …… of the survey are disappointing.

   a. findings
   b. issues
   c. give-aways
   d. outlets

Score ……

A	Cochez une des 4 lettres (**a**, **b**, **c** ou **d**). Pour établir votre score, voir corrigé p. 28).

91. The costs will have to be ...... by the client.
   a. born
   b. borne
   c. supported
   d. worn

92. CIF stands for ......
   a. Computerized Information Framework
   b. Cost, Insurance, Freight
   c. Cash Issued to Foreigners
   d. Cost of Initial Funding

93. The General Meeting will be ...... on March 12th.
   a. held
   b. hold
   c. retired
   d. located

94. Since she disagreed with all her colleagues, she decided to ......
   a. stagger
   b. dismiss
   c. curb
   d. resign

95. This will guarantee a 20% ...... on our investment.
   a. release
   b. report
   c. record
   d. return

Score ......

| **A** | Cochez une des 4 lettres (**a**, **b**, **c** ou **d**).
Pour établir votre score, voir corrigé p. 28). |

96. The withdrawal will appear in your next …… of account.

   a. form
   b. slip
   c. statement
   d. countertrade

97. They decided to …… a loan.

   a. fold
   b. file
   c. fill
   d. float

98. The government is going to …… part of the project.

   a. found
   b. fond
   c. fund
   d. fail

99. The findings of the opinion …… are rather surprising.

   a. pull
   b. pole
   c. pool
   d. poll

100. They are short of cash and cannot meet their ……

   a. output
   b. liabilities
   c. yield
   d. proceeds

Score …… Reports précédents …… Score final ……

A — CORRIGÉ

1 b	26 a	51 d	76 a
2 a	27 d	52 b	77 d
3 c	28 b	53 c	78 b
4 b	29 d	54 a	79 d
5 a	30 a	55 c	80 a
6 b	31 b	56 a	81 a
7 b	32 a	57 c	82 d
8 d	33 b	58 d	83 b
9 a	34 b	59 c	84 c
10 c	35 b	60 c	85 a
11 c	36 a	61 d	86 c
12 a	37 d	62 a	87 b
13 a	38 c	63 b	88 d
14 c	39 a	64 c	89 c
15 d	40 d	65 b	90 a
16 b	41 d	66 d	91 b
17 b	42 b	67 a	92 b
18 d	43 a	68 c	93 a
19 a	44 c	69 c	94 d
20 d	45 b	70 b	95 d
21 c	46 c	71 c	96 c
22 a	47 d	72 a	97 d
23 b	48 a	73 d	98 c
24 c	49 c	74 a	99 d
25 a	50 b	75 b	100 b

A   DIAGNOSTIQUE

75 à 100

Bravo. Votre maîtrise de la langue commerciale et économique vous donne une grande souplesse professionnelle.

Si vous êtes étudiant(e), vous serez un(e) excellente recrue au plan linguistique pour une entreprise.

50 à 75

Vous avez de bonnes connaissances, mais aussi des lacunes dans certains domaines. Ce n'est pas grave si vos fonctions n'impliquent pas une familiarité avec ces secteurs, mais vous aurez intérêt à étendre vos compétences.

25 à 50

Vos notions sont un peu trop vagues ou un peu trop limitées pour faire face avec efficacité à la communication dans le domaine des affaires. Continuez à travailler.

0 à 25

Attention. Vous cumulez des faiblesses en anglais général et en anglais commercial. Vos connaissances limitées suffisent peut-être à certaines tâches précises, mais elles ne vous permettent pas une vraie mobilité professionnelle. Si vous êtes étudiant(e), elles ne constituent pas un atout suffisant vis-à-vis d'une entreprise. Le présent ouvrage vous aidera à progresser.

B 1 — TRAITEMENT

La numérotation (**B 1**, **B 2**, etc.) correspond aux corrigés des 100 tests A.
Ainsi, l'explication de **A 12** se trouvera en **B 12**, etc.

We'll stop ordering from them if they cannot meet delivery <u>deadlines</u>.

Nous cesserons de leur passer commande s'ils ne peuvent honorer les délais de livraison.

♦ **b** **deadline** : *date limite, délai de rigueur.*

➤ *Passer commande à quelqu'un* : **to order *from* someone**.
Livrer : **to deliver**.

a. **deadlock** : **to be deadlocked, in a deadlock**, *être dans l'impasse* (négociation, etc.).

c. **delay** : attention ! ne peut signifier que *retard*.
➤ **To delay** : *retarder*.

d. **appointment** : 1) *nomination* (à un poste) ;
   2) *rendez-vous*.
➤ **To appoint** : *nommer* (à un poste), *affecter*.

To appoint someone to a post, a position, a job : *nommer quelqu'un à un poste*.

B2   TRAITEMENT

Land and buildings also go by the name of <u>real property</u>.
Terrains et bâtiments sont aussi appelés biens immobiliers.

♦ **a** **real property** ou **real estate** : *biens immobiliers.*

    real estate agent, *agent immobilier* ;
    realtor (US), **property developer**, *promoteur immobilier.*

    land : notez le singulier en anglais.
    Le coût du terrain, des terrains : **the price of land**.

b. **personal property** ou **personal estate**, *biens mobiliers, biens meubles.*

c. **private property** : 1) *propriété privée* ;
                          2) *biens personnels* (immobiliers et mobiliers).

d. **personal estate**, *biens, meubles* (*valeurs boursières* : **securities**, etc.)

Attention : ne pas confondre l'adjectif **personal** avec le nom **personnel** (écrit comme en français), qui signifie *l'ensemble du personnel* :

personnel manager : *responsable/directeur du personnel*,
personnel management : *gestion du personnel.*

B3 — TRAITEMENT

A society is a non-profit organisation.
Une association est une organisation à but non lucratif.

- ♦ **c** Le mot anglais **society** – en dehors de son sens général comme dans **consumer society**, *société de consommation* – indique une association (cf. loi de 1901) à but culturel ou humanitaire et non lucratif.

- ➤ Ne jamais employer le terme pour une société commerciale, qui sera **company**, *société de capitaux*, ou **partnership**, *société de personnes*.

  Quand on ne connaît pas la nature juridique d'une entreprise, employer **business**, **firm**, **business firm**, **corporation**.

a. corporation : Attention à ce mot qui change de sens selon qu'il s'agit d'anglais britannique ou américain.

- US : **corporation** : *société par actions* (en général une grosse société, de type *SA*).
- GB : **corporation** : *organisme public.*
    Ex. **the BBC, The British Broadcasting Corporation.**

  ➤ *Remarque* : l'adjectif **corporate**, *social, de société*, a le même sens en anglais britannique et en américain.

  Corporate profits : *bénéfices des sociétés.*
  Corporate tax, company tax : *impôt sur les sociétés.*

B 3 SUITE — TRAITEMENT

b. **partnership** : 1) *partenariat*;
   2) *société de personnes.*

   ▶ **General partnership**, *société en nom collectif*, où tous les associés sont «**liable to the full extent of their own property**» (*responsables sur la totalité de leurs biens*);

   ▶ **Limited partnership**, *société en commandite* avec deux types d'associés :

   – **general ou active partners** (*commandités*) responsables sur la totalité de leurs biens, et,

   – **limited partners** (*commanditaires*) qui ne prennent pas une part active à la gestion et ne sont *responsables que jusqu'à concurrence de leur apport* **(liable only to the extent of their contribution).**

   – **partner** : *associé, partenaire.*

d. **concern** : 1) *souci, préoccupation*;
   2) *entreprise.*

   ▶ **Family concern**, *entreprise familiale.*

   – **Going concern** : *entreprise en état de marche*;

   – **Going concern principle** : *principe de continuité d'exploitation* **(comptabilité).**

   ▶ **Concern** est un terme, comme **firm** ou **business**, qui ne préjuge pas de la nature juridique de l'entreprise, et qu'on peut donc employer de façon générale.

B 4   TRAITEMENT

You'll be required to <u>make</u> a deposit.
On vous demandera de verser des arrhes.

♦ **b** On peut dire aussi : **to leave** ou **to pay a deposit**.

a. **to do** s'emploie en général pour des actions plus vastes ou une série d'actions :
   to do business : *faire des affaires* ;
   mais
   to make a deal : *conclure un accord*.

c. **to spend, spent, spent** : *dépenser, passer* (du temps).

d. **to let** : *laisser faire* ; *louer* (donner en location).
   Mais *louer = prendre en location*, **to rent**.

B 5   TRAITEMENT

A dud check is <u>a bad cheque</u>.
Un chèque en bois est un chèque sans provision

- ◆ **a** **dud** : *nul, incapable*.

- ➤ On dit aussi **a bouncing cheque** : *un chèque en bois* (**to bounce** : *rebondir*).
  check est la graphie US.
  cheque est la graphie GB.

b. a check for a high amount : *un chèque d'un montant élevé*.

c. a check on a foreign bank : *un chèque sur une banque étrangère*.
  ➤ *Tirer un chèque* : **to draw a cheque (check)**.

d. an uncrossed cheque : *un chèque non barré*.
  Barrer un chèque : **to cross a cheque/check**.
  Crossed cheque : *chèque barré*.

B 6   TRAITEMENT

Quotations have reached an all-time <u>high</u>.
Les cours ont atteint leur niveau record (le niveau le plus haut jamais atteint).

- ♦ **b** **high** est un adjectif (**high point**) devenu substantif ; on parle de même d'un **low** : **to hit an all-time low**, *atteindre son niveau le plus bas*.
- ➤ Notez les expressions **to reach/to hit a high, to hit a low**.

all-time : *de tous les temps*, employé comme adjectif. Synonyme : **a record high** (Notez que **record** est employé ici comme adjectif).

quotation : 1) *cours, cotes, cotation* ; 2) *citation*.
to quote :
    1) *citer* (les paroles de quelqu'un) ;
    2) **to quote a price** : *indiquer/mentionner un prix* ;
    3) *coter* (en Bourse).

a. **height** : *hauteur* (prononcé [haït]).

c. **summit** : *sommet* ; ne peut se combiner avec **all-time** ou **record**.

d. **growth** : *croissance* ; ne peut se combiner avec **all-time** (mais **record growth** signifierait *croissance record*).

B 7   TRAITEMENT

Insurance <u>premiums</u> have gone up dramatically.
Les primes d'assurance ont augmenté de façon spectaculaire.

♦ **b premium**, *prime*.

➤ Attention au mot français *assurance*, qui selon le sens, se traduit par :
insurance company (assurance = *compagnie*) ;
insurance premium (assurance = *prime*) ;
compensation (= *indemnisation*).

Assurance vie : **life assurance** (ou : **insurance**).
Assurance maritime : **marine insurance**, ou **underwriting**.
Assurance vol et incendie : **fire and theft insurance**.

to go up : *augmenter* ; **to go down** : *baisser*.

➤ Notez aussi : **to be up, to be down** ;
consumption is up/down 5% : *la consommation a augmenté/baissé de 5%*.

➤ Attention à **dramatic, dramatically** : *spectaculaire, de façon spectaculaire*. (*Dramatique* : **tragic**.)

a. bonus : *prime* (= *supplément*).

c. prime rate (US) : *taux préférentiel de l'escompte* (accordé par les banquiers à leurs meilleurs clients).

d. boom : *période de prospérité, d'expansion, de croissance économique.*
To boom : *prospérer*.

B 8   TRAITEMENT

The bill will <u>fall</u> due on November 15th.
La traite viendra à échéance le 15 novembre.

- ♦ **d to fall due** : synonyme **to come to maturity**.

   bill = **bill of exchange**, *traite* se traduit aussi par **draft**.

a. **to drop** : en général synonyme de **to fall**, mais ne se combine pas avec **due**.

b. **to arrive** : *arriver* ; *se produire* ; impossible ici.

c. **to become, became, become** : *devenir* ; impossible ici.

B 9 — TRAITEMENT

The articles are not <u>true</u> to sample.
Les articles ne sont pas conformes à l'échantillon.

- ◆ **a** **true to sample** ou **up to sample** : *conforme à l'échantillon*.

    Article est d'un emploi fréquent.

- ➤ Comme d'ailleurs **item**, qui sera surtout utilisé au sens d'un *article* parmi d'autres, dans une liste, etc.

b. **acute** : *aigu, vif* ;

c. **same** : *même, identique*

d. **accurate** : *exact, juste, correct*.

B 10 — TRAITEMENT

Common stock means <u>ordinary shares</u>.
Common stock signifie actions ordinaires.

- ♦ C **Common stock** est le terme US synonyme d'*ordinary shares*. L'anglais britannique emploie souvent **equities** dans ce sens.

- ➤ Attention au mot **stock**, dont le sens varie beaucoup selon le contexte :
  - dans **Stock exchange,** *Bourse,* il est synonyme de **security** (*valeur, titre*) et désigne *des actions et des obligations* (**shares and bonds**).
  - dans **joint-stock company**, *société par actions,* il désigne l'ensemble des actions constituant le capital d'une société, et détenues conjointement par les actionnaires.
  - dans **government stock** il désigne des *titres (obligations) d'État*.

- ➤ En américain, **stock** est un synonyme de **share** :
  - **stockholder** = **shareholder** = *actionnaire*.
  - Cf. **stockholders' equity** : *valeur nette, fonds propres d'une société, capitaux propres* (c'est-à-dire appartenant aux actionnaires).

B 10 SUITE — TRAITEMENT

a. **gilt-edged securities** : m. à m., *valeurs dorées sur tranche*, ou **gilts,** désigne les placements de père de famille, d'une grande sécurité, donc des obligations sûres, c'est-à-dire, au sens étroit, des *obligations d'État*.

b. **mortgage bonds** : *obligations hypothécaires* (garanties par une hypothèque sur des actifs de la société qui les émet pour emprunter). Le « t » n'est pas prononcé, en raison de l'origine française : *gage sur la mort* [ˈmɔːrgɪdʒ / **moː**ʳgidj].

d. **Treasury bills** : *bons du Trésor* (US, à échéance à moins d'un an). Cf. **Treasury bond** : *bon du Trésor à long terme*.

B 11 — TRAITEMENT

All these articles are <u>on</u> display in our showrooms.
Tous ces articles sont présentés dans nos salles d'expositions.

- ◆ **c** **on display** ou **on show** : *exposé, présenté.*

  On pourrait dire aussi :

  our articles are displayed (**to display**, *présenter, exposer*).
  Showrooms ou **exhibition rooms**.

- ➤ Ne pas hésiter à employer *article*, malgré son apparence française.
  Item est également fréquent, mais désigne plus particulièrement un article parmi d'autre, dans une liste ou catalogue, par exemple.

a. **in** : impossible ici ; par contre, devant **our showrooms**, indique bien le fait d'être à l'intérieur.

b. **at** : impossible ici.

d. **among** : *parmi, entre* (plus de deux).

> ➤ Attention au faux ami **to expose** qui signifie :
> 1) *exposer au froid, aux rigueurs climatiques, au danger* ;
> 2) *dévoiler, démasquer, dénoncer, mettre à nu*. Sens péjoratif.
>
> – *exposer* (des marchandises) : **to show, to display, to exhibit**.
>
> – *exposition* : **show, exhibition** ;
>   *exposant* : **exhibitor**.

B 12   TRAITEMENT

Please put me <u>through to</u> extension 506.

Passez-moi, s'il vous plaît, le poste 506.

♦ **a** Notez l'emploi cumulé de la postposition ***through*** (**to put through** : *établir la connexion, faire suivre un appel*) et de la préposition *to* qui introduit le complément **extension**.

506 se dira **five oh six**.

C'est la façon normale d'énoncer les numéros de téléphone.
Ex. : **42605400** : **four two six oh five four oh oh**.

b. forward : *vers l'avant*.
to put forward :
1) *mettre en avant, exprimer, émettre* (idée) ;
2) *avancer* (une date, une heure).

d. toward(s) : *vers*.

c. into : *dans*, avec changement de lieu ou d'état :
– **go into a room**, *entrer dans une pièce*
– **translate into English**, *traduire en anglais*

B 13 — TRAITEMENT

We require new customers to leave a 25% cash deposit.

Nous demandons aux nouveaux clients de verser des arrhes de 25%.

- **a** **to leave a deposit** : *verser* (m. à m. *laisser*) *des arrhes, un acompte.*

  On dit aussi : **to make** ou **to pay a deposit**.

  cash : *liquide. Acheter au comptant* : **to buy for cash**.

  On peut dire **a 25% deposit** ou **25% deposit** (sans article).

  Attention à bien accentuer **per <u>cent</u>** sur **cent**.
  De même dans **per<u>cent</u>age**, *pourcentage*.

➤ À noter :
  to require : *demander, réclamer, exiger.*

  On pourrait aussi avoir **we request** : *nous demandons, vous prions, vous invitons à*, plus courtois mais qui donne moins l'idée de nécessité.

  Possible aussi : **we ask** : *nous demandons*, ou, plus impératif : **we insist on new customers leaving**, etc. :
  nous exigeons des nouveaux clients qu'ils …

➤ **customer** : c'est la traduction usuelle de *client*, surtout dans le domaine de la vente des marchandises.

  Dans le domaine des services, et pour un client régulier, on emploie **client**.

B 13 SUITE — TRAITEMENT

➤ Autres traductions de *client* :

client d'un docteur : **patient** ;
client d'un hôtel : **guest, visitor** ;
client d'un taxi : **fare** (désigne aussi le *prix de la course*) ;
client d'un restaurant, d'un café, etc. : **patron** ;

clientèle : **customers, custom** ; **clients** ;
(docteur, avocat) : **clients, practice** ;
fonds de commerce, pas de porte : **goodwill**.

b. **discount** : *escompte, réduction* ;
   cash discount : *escompte de caisse, pour paiement comptant.*

c. **register** : *registre* ;
   cash register : *caisse enregistreuse* ;
   to register : *enregistrer, inscrire* ;
   to register a company : *faire enregistrer une société.*

d. **cash and carry** : *au comptant et à emporter.*

   Cash and carry store : *magasin pratiquant la vente au comptant et à emporter, libre-service de gros.*

B 14 — TRAITEMENT

This is the last order we are going to <u>place</u> with them.

C'est la dernière commande que nous allons leur passer.

- ♦ **C** Notez l'emploi de la préposition **with** après l'expression : **to place an order** : *passer commande*.
- ➤ On dira aussi **to order from someone** : *passer commande à quelqu'un, commander à quelqu'un.*

a. **to pass** :
   1) *passer* (d'un endroit à un autre), (temps) *s'écouler* ;
   2) (véhicule, etc.) *dépasser* ;
   3) *réussir* (à un examen).
   Ne peut s'employer au sens de *passer un coup de téléphone* : **to make a phone call**.

   – *passer un contrat* : **to sign a contract**
   – *passer un accord* : **to sign a deal, conclude/sign an agreement**
   – *passer, transmettre, faire circuler* (un document, etc.) : **to pass on**

b. **to send, sent, sent** : *envoyer, expédier*.

d. **to apply** :
   1) *appliquer* ;
   2) *s'adresser à*. **I apply to you**, *je m'adresse à vous* ;
   3) *solliciter un poste, faire acte de candidature* :
   to apply for a job, *se porter candidat à un emploi*.
   candidature : **application**.
   candidat (à un poste, etc.) : **applicant**.

B 15   TRAITEMENT

There is no alternative but to <u>file</u> a petition in bankruptcy.
La seule solution est de déposer le bilan (il n'y a pas d'autre choix que de…).

- ♦ **d** **to file** [faɪl / faïl], verbe correspondant au substantif **file** = *dossier*, et signifiant *déposer un dossier*. S'utilisera donc dans de nombreux cas de démarches administratives.

   to file a (law-)suit : *faire (un) procès* ;
   to file a complaint : *porter plainte* ;
   to file a claim : *déposer une réclamation* (GB : **to lodge a complaint**).

- ➤ Ne pas confondre avec **to fill** : *remplir*. (voir **c**).
   to fill in, to fill out a from : *remplir un formulaire.*

   bankruptcy : *faillite.*
   L'anglais est riche en expressions signifiant *faire faillite* :
   to go bankrupt, to fail, to collapse, to fold, to go under, to go broke (fam.), **to go bust** (fam.).

a. **to float** : 1) *flotter* ;
   2) *lancer* (*une société*) : **to float a company** ;
   lancer un emprunt : **to float a loan**.

b. **to fullfil** (US **fulfill**) : *accomplir* (une tâche), *remplir* (une mission, etc.).

c. **to fill** : *remplir*
   to fill in, to fill out a from : *remplir un formulaire*

B 16 — TRAITEMENT

Stockholder is a US synonym for shareholder.

Stockholder est un synonyme américain d'actionnaire.

♦ **b** **Stockholder** : de **stock** (*action*, voir B 10) et de **holder**, *détenteur* (**to hold, held, held** : *tenir, détenir*). L'actionnaire détient une partie du capital de l'entreprise et touche un dividende sur les bénéfices de celle-ci.

Même formation pour **shareholder** (**share** : *part, action*) aussi utilisé en américain, mais moins fréquemment que **stockholder**.

a. **bondholder** : *obligataire, détenteur d'obligations*. Même formation à partir de **bond** : *obligation* (premier sens de **bond** : *lien*).

L'*obligataire* détient une créance sur l'entreprise ou l'État pour laquelle il reçoit des intérêts.

c. **sleeping partner** : mot à mot *associé dormant,* bailleur de fonds qui contribue au financement d'une société de personnes mais ne participe pas directement à sa gestion.

➤ On parle de **sleeping partners** dans le cas de **general partnerships** (*société en nom collectif*). Dans de telles sociétés, tous les *associés* (**general partners**) sont responsables des dettes de l'entreprise sur leurs biens propres. Il en va donc de même du **sleeping partner** lorsque son existence est prouvée.

➤ Ne pas confondre avec les **limited partners** (*commanditaires*) dans les **limited partnerships** (*sociétés en commandite*).

B 16 SUITE — TRAITEMENT

Leur responsabilité est légalement limitée – d'où leur nom – à leur apport (**Their liability is limited to the amount of their contribution**).

Ils ne prennent pas part à la gestion de l'entreprise, à la différence des **active partners** ou **acting partners** ou **general partners** (*commandités*) – qui eux sont solidairement responsables sur la totalité de leurs biens (**jointly and severally liable to the full extent of their own property**).

➤ Dans une telle **limited partnership**, il faut au moins un **active partner** ou **general partner** puisque nous sommes dans le domaine des **partnerships** – *sociétés de personnes* – et que la loi doit avoir un individu comme interlocuteur responsable de la société.

En effet, à la différence des **companies** (*sociétés de capitaux,*) les **partnerships** ne constituent pas une entité juridique (personne morale).

d. **stockbroker** : *agent de change, courtier en bourse.*

Stock a ici le sens général de *valeur, titre* (= **security**). **Broker** : *agent, courtier.* Cf. **insurance broker** : *courtier en assurances.*

B 17   TRAITEMENT

My bank has granted me <u>overdraft</u> facilities.
Ma banque m'a accordé un découvert.

♦ **b an overdraft** : *un découvert* (autorisé).

facilities : 1) *facilités* (de paiement)
               2) *installations, infrastructure.*

a. overdrawn : *à découvert.*

To overdraw :
to draw, to withdraw more money than is deposited on your account :
tirer plus d'argent qu'il n'y en a sur votre compte.

La formule la plus usuelle pour *être à découvert* est **to be in the red**.

c. to borrow : *emprunter.*

Un emprunt : **a loan** (signifie aussi *un prêt*).

d. to withdraw : *retirer* (de l'argent d'un compte, etc.), *se retirer. Retrait* : **withdrawal**.

B 18 — TRAITEMENT

I hope the date and time will be convenient for you.
J'espère que la date et l'heure vous conviendront.

- ◆ **d** **convenient** : *qui convient, pratique.*

- ➤ contraire : **inconvenient**, *importun, qui ne convient pas, qui dérange, qui pose des problèmes.*
  Noms correspondants : **convenience**, *caractère pratique, adapté, fait de convenir.*

  At your convenience : *quand cela vous conviendra.*
  inconvenience : *dérangement, tracas, ennui.*

  We apologize for the inconvenience this may have caused you :
  nous vous prions d'excuser les désagréments que ceci peut vous avoir causé.

a. **according to** : *selon.*

b. **relevant** : *pertinent, qui a trait au sujet ;*

   - ➤ complément introduit par **to** :

     this is not relevant to our discussion :
     ceci n'a rien à voir avec notre discussion.

   - ➤ contraire : **irrelevant**, *sans rapport*, se construit aussi avec **to**.

c. **confident** : *confiant, qui a confiance (en soi ou dans les autres).*
   Self-confidence : *confiance en soi.*

B 19 TRAITEMENT

The drawer of a bill of exchange is the <u>creditor</u>.
Le tireur d'une traite est le créancier.

- **a creditor,** *créancier.*

    drawer : *tireur* ; de **to draw, drew, drawn** : *tirer.*

    Bill of exchange = draft : *traite.*

b. **debtor** : *débiteur.*
Attention : le **b** n'est pas prononcé ['detər].
De même pour **debt** [det] : *dette* ou *créance.*

c. **payer** : *payeur.*
Payee : *bénéficiaire d'un paiement.*

d. **drawee** : *tiré.* Personne sur qui un chèque ou une traite est tiré.

   ➤ Notez que pour un chèque, le **drawer** (*tireur*) et le *tiré* (**drawee**) sont la même personne alors que pour une traite le tireur est le créancier et le tiré le débiteur, le *bénéficiaire* (**payee** ou **beneficiary**) étant soit le créancier soit un *tiers* (**third party**).

B 20   TRAITEMENT

Limited partners are liable <u>only to the extent of the amount they</u> have invested.

Les commanditaires ne sont responsables que jusqu'à concurrence de leur apport (la somme qu'ils ont investie).

♦ **d** Le cadre est celui des **limited partnerships** (*sociétés en commandite*), voir B 3 et B 16.

a. liable for the whole of the debts of the firm :
responsables pour la totalité des dettes de l'entreprise.

C'est la responsabilité des **general partners.**

b. liable to the full extent of their real property :
responsables sur la totalité de leurs biens immobiliers.

➤ Inexact : la nature mobilière ou immobilière des biens n'est pas en cause.

c. liable only for one half of their investment :
responsables seulement pour une moitié de leur investissement.

Inexact : hypothèse fantaisiste.

B 21   TRAITEMENT

Her job is not exciting but she <u>draws</u> good wages.

Son travail n'est pas passionnant mais elle touche un bon salaire.

- ♦ **c to draw** (*tirer*) signifie *toucher* dans les expressions comme :
  to draw wages, to draw a salary : *toucher un salaire* ;
  to draw social security : *toucher la Sécurité sociale*.

- ➤ On aurait pu avoir aussi :
  She earns good wages : *elle gagne un bon salaire*.
  job : *emploi, poste, travail*.
  exciting : signifie plus souvent *passionnant, fascinant* qu'*excitant*.
  wages (parfois au singulier, **wage**) : *salaire*, en général d'ouvrier (**blue-collar worker**).

- ➤ À l'origine, ces **wages** étaient payés à la semaine, et en liquide. Donc distincts de **salary**, *traitement* de cadre ou de fonctionnaire, payé mensuellement et en général versé à un compte.

- ➤ Aujourd'hui pour indiquer un traitement de type **salary**, on donne souvent le chiffre annuel, et pour *salaire* de type **wages** un chiffre mensuel.

- ➤ Pour toute rémunération qui n'est ni **wage(s)**, ni **salary**, on pourra utiliser le mot **fee(s)** (*honoraires, vacation[s]*, etc.).

a. to win : *gagner ; remporter une victoire*.

b. to gain : *gagner, bénéficier, y gagner ; gagner du temps*.

d. to achieve : *accomplir, obtenir, atteindre*.

B 22 — TRAITEMENT

Would you prefer a lump-sum settlement or payment by <u>instalments</u>?

Préféreriez-vous un règlement forfaitaire ou le paiement à tempérament ?

♦ **a. instalment** (US **installment**) : *versement* dans une série de versements échelonnés.
  – **By instalments** : *à tempérament, par versements échelonnés.*
  – **A monthly instalment** : *une mensualité.*
  – **To publish by instalments** : *publier en feuilleton.*

➤ Notez : **lump sum** : *somme globale.*
  De **lump**, *gros morceau.*
  Cf. **to lump together** : *mettre ensemble, amalgamer.*
  Settlement : *règlement* (d'une somme, d'un conflit), signifie aussi *colonie.*
  Attention à **to settle** : 1) *régler* (un conflit, une somme) ; 2) *s'installer, s'établir.*

➤ Attention à une erreur souvent faite par les francophones :
  – **to settle** ne signifie pas *installer* – qui sera **to install**.
    Ex. : **to install a computer** : *installer un ordinateur* ou :
  – **to set up**, ex. *installer un réseau* : **to set up a network**.

b. temperament : *tempérament* mais seulement au sens de caractère.

c. implement : *outil* (agricole).

  ➤ **To implement** : *appliquer, mettre en place/en œuvre* (règlement etc.).

d. increment : *augmentation* (d'indice etc.). *accroissement, plus-value.*

B 23   TRAITEMENT

In "Brown and Manson Inc.", Inc. stands for <u>incorporated</u>.

*Dans « **Brown and Manson Inc.** », Inc. correspond à **incorporated**.*

- ♦ **b** **Incorporated** nous indique que nous avons affaire à une *société par actions* (**joint-stock company**) de type américain.

  Incorporated = formée en société selon les lois sur les **corporations** ou **corporate bodies** (sociétés ayant une personne morale, constituant une entité juridique). Cf. **B 3**.

- ➤ *Remarque* : dans le système britannique, on distingue entre **Public Limited Company** (**PLC, plc**) = *société anonymes* de type *SA* et **Private Limited Company**, dont le nom est accompagné de l'abréviation **Ltd, limited** = *sociétés à responsabilité limitée*, proches de nos *SARL*.

a. **included** : *inclus*. **Service included** : *service compris*.

c. **incapacitated** : *frappé d'incapacité, rendu infirme* ou *victime d'un handicap* à la suite d'un accident du travail.

d. **incentive** : *incitation, encouragement*.
   Inciter, stimuler : **to incite, to prompt, to stimulate, to spur.**

   ➤ Contraire : **disincentive, deterrent**.
   mesure de dissuasion : **deterrent**.
   Dissuader, décourager (*quelqu'un de faire quelque chose*) : **to deter (s.o. from doing someting).**

B 24   TRAITEMENT

Her <u>track-record</u> places her ahead of the other applicants.
Son parcours professionnel la met en tête des candidats.

♦ **C** **track** : *piste* ; **record** : désigne tout ce qui est enregistré. D'où une variété de sens :
1) *record* ;
2) *enregistrement* ; **on record**, *bien établi, officiel*.
   To go on record, *déclarer publiquement* ;
   off the record ; *en privé, de façon non officielle* (désigne en particulier des *confidences*, non destinées à la publication, à des journalistes).
3) *archive* ; *registre*.
4) *carrière, antécédents, états de service*.
5) *disque*.

a. **liability** : 1) *responsabilité* (pouvant amener des suites judiciaires)
   2) *passif*
   3) *point faible* (contraire de **asset**, *actif, atout, point fort*)

b. **life estate** : *propriété viagère, propriété en viager.*
   De **life**, *vie* et **estate**, *bien, propriété, patrimoine, bien immobilier* ;
   personal estate, *biens mobiliers, biens meubles* ; **real estate**, *biens immobiliers, immobilier* ;
   industrial estate (GB), *zone industrielle*, (US) **industrial park**.

d. **roller coaster,** premier sens : *montagnes russes.*
   Désigne une courbe qui monte et descend, en dents de scie (variations de prix etc.). Cf. to seesaw, *monter et descendre, fluctuer, être en dents de scie.*

B 25   TRAITEMENT

Why haven't the goods been <u>cleared</u> through customs yet?

Pourquoi les marchandises n'ont-elles pas encore été dédouanées?

♦ **a** **to clear through (the) customs** : *dédouaner*.
Customs clearance, customs clearing : *dédouanement, dédouanage*.

➤ Notez qu'au sens de *douane(s)*, **customs** est toujours pluriel.
Notez aussi la traduction de *dédouané* lorsqu'on indique des conditions de vente : **duty-paid.**

Droits de douane : **customs duties, customs tariffs**.

b. freed : de **to free** : *libérer, rendre libre, exempter*.

c. issued : de **to issue** ['ɪʃjuː / *ichiou:*] : *émettre, sortir*.
An issue : 1) *un numéro* (de revue, etc.);
            2) *un problème* (sur lequel les gens se divisent).

d. forwarded : de **to forward** : *expédier*.
Please forward : *prière de faire suivre*.
Forwarding agent : *transitaire*.

B 26 — TRAITEMENT

SEC stands for <u>Securities and Exchange Commission</u>.
SEC correspond à Commission des valeurs et opérations boursières.

♦ **a** La **SEC** est une de ces **regulatory agencies** (*agences chargées de la réglementation*) ou **watchdogs** (*chiens de garde*) qui aux États-Unis contrent certains secteurs économiques.

Créée en 1934, la SEC, ancêtre de notre COB (Commission des opérations boursières), est chargée de surveiller les transactions boursières. Elle a en particulier le droit d'entamer des poursuites judiciaires dans des cas comme les *délits d'initié* (**insider trading**).

b. Standard Exchange Costs : voudrait dire *Coûts de change standard* (fantaisiste).

c. Specially Extended Credit : voudrait dire *Crédit spécialement accordé* (ou *prorogé*) (fantaisiste).

d. Surplus Expenses in Cash : voudrait dire *Dépenses supplémentaires en liquide* (fantaisiste).

B 27   TRAITEMENT

The point at which volume of sales or production covers related costs and expenses without profit and without loss is the <u>break-even</u> point.

Le point auquel le volume de ventes ou de production couvre les coûts et frais correspondants sans bénéfice et sans perte est le point mort.

♦ **d** **Break-even point** : *point mort, seuil de rentabilité*.

   Arriver au point mort, atteindre le point mort :
   to break even ; to pay one's way (*devenir rentable*).

➤ Autres traductions de *point mort* :
les affaires sont au point mort : **business is at a standstill** ;
les négociations sont au point mort : **talks (negotiations) are deadlocked (are at a stalemate, are stalemated)**.
Point mort d'un changement de vitesses : **neutral**.

a. **breakdown** : *panne*.
   Nervous breakdown : *dépression nerveuse*.
   To break down : 1) *tomber en panne* ;
                          2) (*résultat d'enquête, etc.*) *ventiler*.

b. **threshold** : *seuil*.

c. **dead-end** : *cul-de-sac, impasse, solution sans avenir*.

B 28 — TRAITEMENT

CPA stand for <u>Certified Public Accountant</u>.

*CPA signifie **Certified Public Accountant** (m. à m. comptable certifié, US).*

♦ **b** Le **Certified Public Accountant** est l'homologue américain du **Chartered Accountant** britannique (ainsi appelé car sa profession est protégée par une *charte royale*, **a royal charter**) et de l'*expert-comptable* français.

a. **Certified Priority of Access** : *priorité d'accès garantie*. (pas d'abréviation)

c. **Cash Payment Award** : *prime pour paiement comptant*. (pas d'abréviation).

d. **Confederation of Private Auditors** : *Confédération des commissaires aux comptes privés* (fantaisiste).

B 29   TRAITEMENT

Our supplier no longer delivers spare <u>parts</u>.
Notre fournisseur ne livre plus de pièce de rechange.

♦ **d** **Spare parts** ou **spares** : *pièces détachées, pièces de rechange.*
Retenez aussi :
component parts, components, *pièces détachée, composants* ;
replacement parts, replacements : *pièces de rechange.*

➤ Notez **to supply** : *fournir* ;
fournir quelque chose à quelqu'un : **to supply something to someone, to supply someone with something.**
supply, supplies : *fourniture(s), approvisionnement(s) provision(s).*
the law of supply and demand : *la loi de l'offre et de la demande.*
in short supply : *en faible quantités, rares* ;
food supplies : *vivres.*
to deliver : *livrer* ; **delivery** ; *livraison.*
Honorer les dates de livraison ; **to meet delivery deadlines.**

a. goods : *marchandises.* Ne s'emploie pas au singulier en langue commerciale.
Une marchandise : **a commodity, a product, an article,** etc.

➤ Par contre, on peut trouver le singulier dans la langue macro-économique : *un bien de consommation* : **a consumer good,** *un bien d'équipement* : **a capital good, a producer good.**

B 29 SUITE — TRAITEMENT

b. wares : *marchandises*.

➤ En anglais moderne, on le trouve surtout sous la forme du singulier, **ware**, en composition : **glassware** : *verrerie* ; **silverware** : *argenterie* ; **warehouse** : *entrepôt*.

En anglais moderne, l'emploi de **wares** est restreint aux produits de l'artisanat, notamment quand ils sont vendus sur des marchés, ou utilisé de façon humoristique.

To peddle one's wares :
1) *vendre sa marchandise* (pour un forain, un colporteur) ;
2) *vendre sa « camelote », faire de la « retape »*.

➤ Ne pas utiliser **wares** comme équivalent de **goods**.

c. piece : désigne un *morceau*, enlevé à un ensemble :

a piece of cake : *un morceau, une part de gâteau*
ou *arraché* ou *brisé* : **to go to pieces** : *tomber en ruine, s'effondrer* (physique et moral).

➤ **Piece** a souvent le sens de *bout* et indique le caractère incomplet ou la disparité : **bits and pieces** : *pièces et morceaux*.

B 30 — TRAITEMENT

We now have a wide <u>range</u> of articles.

Nous avons (disposons) maintenant (d')une grande variété d'articles.

- ♦ **a Range** : *rayon, étendue, champ, éventail.*
- ➤ Attention à la prononciation [reɪndʒ / réïndj].
  Wide range = *vaste éventail*. Cf. **great variety**.

b. **scope** : *portée, rayon, étendue, domaine de compétence.*
   Plus abstrait que **range.**

c. **bracket** : *fourchette* ; **age bracket**, *tranche d'âge* ; **tax bracket**, *tranche d'imposition* ; **income bracket**, *tranche de revenus.*

d. **survey** : *étude, recherche, enquête, sondage.*

   A un sens plus général que (**opinion**) **poll**, ce dernier impliquant que l'on interroge directement une population.

   ➤ **survey** signifie aussi *inspection, examen* (des dommages, etc.), *certificat d'expertise.*

   to survey : *étudier, faire des recherches sur ; sonder ; examiner, expertiser.*

B 31 — TRAITEMENT

Shop-lifters <u>steal merchandise in stores</u>.
Les voleurs à l'étalage volent de la marchandise dans les magasins.

♦ **b** **shop-lifter** : *voleur à l'étalage, dans les rayons,* de **shop** : *boutique* et to **lift** : *soulever.*

a. **operate lifts or elevators** : *font fonctionner des ascenceurs* (**lift**, GB, **elevator** US ; **elevator** (GB) = *escalier roulant*) ; c'est le rôle **des lift/elevator operators**, *garçons d'ascenseur, liftiers.*

c. **supervise salespeople in department stores** : *supervisent les vendeurs dans les grands magasins.*

C'est le rôle du **shopwalker** (GB) (*chef de rayon,* mais aussi *surveillant, inspecteur*), **floor walker** ou **floor manager**.

Attention à la traduction de *vendeur* :
1) (personne dont c'est le métier de vendre) **salesman, saleswoman, salesperson**.
2) (personne qui cède un bien contre de l'argent) **seller**.

d. **handle customers' complaints** : *s'occupent des réclamations, des plaintes des clients* ; c'est le rôle du **claims department** (*service des réclamations*).

To handle : 1) *manier, manipuler* ;
2) *gérer, traiter, s'occuper de.*

B 32   TRAITEMENT

A bill of lading is <u>a document acknowledging the receipt of goods and stipulating the terms of the contract of carriage</u>.

Un connaissement est un document qui accuse réception de marchandises et qui stipule les conditions du contrat de transport.

♦ **a Bill of lading** (abréviation **B/L**) : mot à mot *note de chargement* (**lading** est une forme ancienne de **loading**. Cf. la survivance en langue littéraire du participe passé **laden** : *chargé*).
Connaissement aérien : **airway-bill**.

to acknowledge : *reconnaître* [əkˈnɒlɪdʒ / *eknolèdj*] (même racine que **to know, knowledge** [ˈnɒlɪdʒ / *nolidj*], mais avec le son « **k** », qui provient de la prononciation du **c**).

receipt : 1) *réception* (de marchandises, etc.) ;
2) *reçu*. Attention, le « **p** » n'est pas prononcé [rɪˈsiːt / *risiːt*] ; **to acknowledge receipt** : *accuser réception*.

Terms : *conditions*. L'anglais dispose de deux mots : **terms** qui désigne les *conditions* au sens général, et **conditions** qui est plus spécifique ou restrictif. D'où l'expression **terms and conditions** : *conditions générales et particulières*.

B 32 SUITE — TRAITEMENT

b, c et **d.** Les autres réponses ne correspondent pas à la définition du *connaissement*.

b. A promise to pay on the part of the debtor : *une promesse de payer de la part du débiteur.*

promise ['prɒmɪs / *promis*]. Ceci correspondrait à la définition de **a promissory note** : *un billet à ordre.*

c. A document authorizing the payment of damages : *un document autorisant le paiement de dommages et intérêts.*

damages (pluriel) : *dommages et intérêts.*
to sue for damages : *réclamer des dommages et intérêts, poursuivre en dommages et intérêts.*
damage (singulier) : *dégâts.*
Les dégâts sont énormes : **(the) damage is considerable**.

d. A pro-forma invoice for the transport of goods : *Une facture pro forma pour le transport de marchandises.*

Pro forma invoice : *facture pro forma*, qui précise les frais d'une opération (vente, exportation, etc.) afin que le client sache avec précision à quoi il s'engage financièrement avant de passer officiellement commande.
to invoice : *facturer* (synonyme **to bill**).

B 33 TRAITEMENT

Bulls are speculators (or investors) who expect a rise in stock-market quotations.
Les haussiers sont des spéculateurs (ou des investisseurs) qui s'attendent à une hausse des cours sur le marché boursier.

♦ **b** Le mot **bull** s'applique à l'origine à des spéculateurs du marché boursier qui s'attendent à une augmentation des cours et vont donc acheter des titres pour les revendre plus tard à un prix supérieur en profitant de la hausse.

Comme le marché boursier est un marché à terme, où les transactions se règlent *a posteriori*, on peut se porter acquéreur de tels titres sans disposer au départ de la totalité des sommes nécessaires à leur règlement.

Dans l'usage actuel, **bull** s'applique à un *haussier*, qu'il soit spéculateur ou investisseur, qu'il opère sur le *marché des bourses de valeurs* (**stock-exchange, stock market**) ou sur les *bourses de marchandises* (**commodity exchanges**) ou *de produits agricoles* (**produce exchanges**).

On parle de **bull market** pour un *marché à la hausse*.

➤ *L'adjectif* **bullish**, que l'on trouve dans des expressions comme :
a bullish trend, *une tendance à la hausse*, peut être employé au sens d'*optimiste* dans des domaines autres que la Bourse.

B 33 SUITE — TRAITEMENT

a. **bears** : *baissiers*.

➤ Spéculateurs qui s'attendent à une baisse des cours, et qui vendent avant qu'elle se produise.

Sur un marché à terme (**forward market**; *pour les options*, **futures markets**), ils peuvent vendre quelque chose dont ils ne disposent pas encore, puisqu'il ne s'agit au départ que d'une promesse de vente, et qu'ils comptent sur la baisse pour acheter moins cher ce qu'ils ont promis de vendre à un certain prix.

Le nom **bear** et l'adjectif **bearish** s'emploient symétriquement de **bull** et **bullish.**
a bear market : *un marché à la baisse.*
a bearish trend : *une tendance à la baisse*
to be bearish about someting : *être pessimiste à propos de quelque chose.*

c. **bearer** : *porteur*.

Dans des expressions comme **pay to bearer** : *payez au porteur* ; **share to bearer** ou **bearer share** : *action au porteur* (à distinguer de **registered share** : *action nominative*, c'est-à-dire enregistrée au nom d'un individu précis).

➤ Attention, si le français *porteur* = *détenteur* au sens large, on aura **holder** (de **to hold, held, held**, *tenir, détenir*) : *porteur d'actions*, **shareholder**, **stockholder** ; *porteur d'obligations*, **bondholder**.

d. **cash cow** : mot à mot *vache à lait*. Se dit en marketing d'un produit à forte rentabilité et qui ne nécessite plus d'investissement ; au sens large, produit ou service qui constitue la principale ressource d'une entreprise ou d'un secteur.

B 34   TRAITEMENT

The consignee is the person to whom the goods are sent.
Le destinataire est la personne à qui les marchandises sont envoyées/adressées.

♦ **b** **consignee** [kɒnsaɪˈniː / *konsaïni:*] : *destinataire.*

a. The person who sends out the goods :
la personne qui expédie les marchandises

C'est le **consignor/consigner** ou **sender** : *expéditeur.*
to consign : *expédier, envoyer* (emploi assez rare).
consignment = **shipment** : *expédition, envoi, marchandises expédiées.*

c. The person who packs and labels the goods :
la personne qui emballe et étiquette les marchandises.

emballeur : **packer**.
Emballage : **packing** (à distinguer de **packaging** : *conditionnement*).

d. The legal owner of the goods :
le propriétaire légal des marchandises.

B 35 — TRAITEMENT

All the figures listed are seasonally <u>adjusted.</u>
Tous les chiffres répertoriés/donnés sont corrigés des variations saisonnières.

♦ **b** **to adjust**

to list est une traduction pratique de *donner, indiquer, présenter,* lorsqu'il s'agit d'une liste (de renseignements, de données, d'articles etc.).

➤ Notez que le participe passé indiquant le résultat d'une action se place normalement après le nom sur lequel il porte :

les chiffres mentionnés : **the figures listed** ;

les marchandises transportées : **the goods transported**
(le participe passé ne se place avant le nom que s'il est devenu un véritable adjectif : *un homme fatigué* : **a tired man**).

Seasonally : attention à l'orthographe.
Seasonal + ly = seasonally ;
cf. **operational + ly = operationally**, etc.

a. **to correct** : *corriger.*

c. **to edit** : *préparer un texte pour la publication, modifier un texte.*

Ne pas confondre avec **to publish** : *publier, éditer.*

➤ **A publisher** : *un éditeur.*
Mais **an editor** : *un rédacteur en chef.*

d. **to modify** : *changer, modifier, altérer.*

B 36 — TRAITEMENT

Junk bonds are high-yield high-risk bonds.
Les obligations de pacotille sont des obligations à haut rendement et à haut risque.

- **a** **Junk bonds** : *obligations camelote, obligations de pacotille*

  De **junk** : *déchets, articles jetés au rebut*, et **bond** : *obligation*.

  Ainsi appelées car les entreprises qui les émettent sont dans une situation financière peu reluisante, ce qui crée un doute sur leur aptitude à verser l'intérêt annoncé ou à rembourser l'obligation.

  Elles constituent donc un risque pour l'investisseur, que l'on tente cependant d'allécher par un taux d'intérêt élevé (**high-yield** : *haut rendement*).

  De telles obligations sont émises dans le cas de **Leveraged Management Buyout** : *rachat de l'entreprise par les salariés* (*RES*) – en l'occurrence, les salariés sont des *cadres* (**management**).

➤ **Leverage** = *effet de levier*, terme financier qui désigne l'effet de l'endettement d'une entreprise sur la rentabilité de ses capitaux propres (c'est-à-dire des actions constituant son capital). Dans certains contextes, comme ici, le terme s'emploie pour désigner l'émission d'obligations.

Ces obligations sont émises pour réunir des fonds permettant de racheter les actions de la société, ou pour être échangées contre ces actions. On comprend que ces obligations ne soient pas un placement de père de famille : elles reposent sur les résultats ultérieurs de la

B 36 SUITE — TRAITEMENT

nouvelle société que l'on crée en rachetant l'ancienne et cette société est dès le départ fragilisée précisément par le **debt burden** (*fardeau de l'endettement*) que représentent les obligations ainsi émises (l'émission d'obligations étant avant tout un emprunt).

yield = *rendement* (agricole ou financier).
Bonds are fixed-yield (ou fixed-income) securities : *les obligations sont des valeurs à rendement fixe.*

Rendement industriel : **output.**

b. **crash** 1) *accident de voiture, d'avion s'écrasant au sol* ;
    2) *krach boursier.*

Notez aussi **crash course** : *cours intensif.*

c. **growth** : *croissance.*

d. **glut** : *saturation.* **To glut** : *saturer.*
The market is glutted : *le marché est saturé.*

B 37 — TRAITEMENT

There has been a sharp drop in the sales of electrical appliances.
Il y a eu une forte baisse des ventes d'appareils électriques.

♦ 🇩 **electrical appliances,** *appareils électriques.*

Electrical : en anglais moderne, les adjectifs en –**ic** et en –**ical** sont souvent devenus interchangeables (**geometric, geometrical**) ; parfois une seule forme est employée (**realistic, domestic, philosophical**) ; parfois une forme est beaucoup plus fréquente que l'autre (**strategic** plus fréquent que **strategical**).

À l'origine, il existait une différence, la forme en –**ical** impliquant un lien plus distant, celle en –**ic** un lien plus essentiel. Il en subsiste quelque chose dans le bon usage d'aujourd'hui : **electric current** : *courant électrique* (de la nature même de l'électricité) ; **electrical appliances** : *appareils électriques* (qui utilisent l'électricité).

➤ Notez en tous cas la différence qui, elle, subsiste nettement entre **economic** : *économique*, qui a trait à l'économie et **economical** : *économique*, au sens de qui fait faire des économies, ou *rentable*.

Sharp : *aigu, pointu*, ou **steep** : *abrupt* sont les adjectifs les plus fréquemment utilisés pour décrire ce que le français appelle une *forte baisse* (ou *hausse* : **rise, increase**).

B 37 SUITE — TRAITEMENT

d. Drop ou **fall** : *baisse*. Notez l'emploi obligatoire de la préposition **in** dans des expressions comme :

Une baisse des prix : **a drop/a fall in prices**.
Une hausse des taux d'intérêts : **a rise/an increase in interest rates**.

Veillez à employer la bonne préposition dans des cas comme les suivants :

a rise in prices (ou **a price rise**) : *une hausse des prix* ;
a rise of 5% (ou **a 5% rise**) : *une hausse de 5%* ;
to rise by 5% (US : **to rise 5%**) : *augmenter de 5%*.

Il en va de même avec **increase** (*hausse*), **drop, fall, decrease** (*baisse*) et, pour les verbes avec :

to increase, to go up (*augmenter*),
to decrease, to go down, to fall, to drop etc. (*baisser*) ;
– **last years wages went up by 2 per cent**
– (US) **wages went up 2 per cent** : *l'année dernière, les salaires ont augmenté de 2%*.

a. household : *ménage*.
Household consumption : *consommation des ménages*.

b. outlet : *débouché*.
Retail outlet : *magasin de détail*.

c. applicant : *candidat à un poste*.
To apply : *faire acte de candidature* ; **application** : *candidature*.

B 38 — TRAITEMENT

The generally accepted method for the valuation of <u>inventories</u> is cost or market, whichever is lower.

La méthode généralement acceptée pour l'évaluation des stocks est le coût (d'acquisition) ou le prix (actuel) du marché, en retenant le chiffre le plus bas des deux.

- ♦ **C Inventories** (sg **inventory**); c'est le terme le plus utilisé en comptabilité et en économie pour désigner les *stocks*. Dans le domaine commercial et économique, on trouve aussi **stockpiles**, **stores**, plus fréquemment que **stocks.**

- ➤ Mais on a, par contre : **to have in stock** : *avoir en stock,* **to be in stock** : *être disponible,* **to supply from stock** : *fournir directement à partir de stocks,* **to lay in a stock** : *faire rentrer des stocks, s'approvisionner,* etc.

    Inventaire : **stock-taking**.
    Faire l'inventaire : **to take stock**.

a. **benefit** : *allocation, prestation.*

   unemployment benefit : *allocation de chômage.*

   - ➤ Attention au mot **benefit**. Au sens le plus général, c'est un synonyme de **profit**. Mais dans un contexte économique, ne jamais l'employer au sens du français *bénéfice des entreprises*.

   Bénéfice des sociétés = **corporate profits.**

   Corporate benefits voudrait dire *les allocations versées par les entreprises.*

B 38 SUITE — TRAITEMENT

Benefits aura souvent le sens d'*avantage* :

fringe benefits : *avantages en nature ou en espèces qui ne sont pas inclus dans le salaire de base, avantage de fonction.*

Les verbes **to profit** et **to benefit** sont, quant à eux, synonymes : *profiter de quelque chose* :

to profit by/from something;
to benefit by/from something.

b. **trainee** : *stagiaire.*

Stage (en entreprise) : **training period, traineeship**, (US) **internship.**

To train : *former, instruire,* (sport) *entraîner.*
Training : *formation.*

d. **overheads** : *frais généraux* (**overhead expenses**).

B 39   TRAITEMENT

LBO stands for <u>Leveraged Buy-Out</u>.
*LBO est l'abréviation de **Leveraged Buy-Out**.*

♦ **a** *Leveraged Buy-Out* : *rachat avec effet de levier.*

   Cf. **Leveraged Management Buy-Out**, *rachat de l'entreprise par ses salariés* (en fait ses cadres)

   RES (Rachat de l'entreprise par les salariés) = **employee buy-out.** Voir B 36.

b. Low business overheads :
frais généraux d'entreprise peu élevés.

c. Large business organisation : *grosse entreprise.*

d. Liste of buying opportunities :
Liste des occasions d'achat, ou *des bonnes occasions d'acheter.*

B 40 — TRAITEMENT

The fluctuations reflect the law of <u>supply and demand</u>.
Les fluctuations reflètent la loi de l'offre et de la demande.

- **d** **supply** : *approvisionnement, ravitaillement, provision, offre globale de marchandises* ou *de services*.

    demand : *demande*.

    Consumer demand : *niveau de la consommation, demande des consommateurs*.

    Attention à ce mot dans d'autres contextes, où **demand** signifie *exigence*; **to demand** : *exiger*.

a, b, c, offer désigne une *offre* au sens de *proposition*, mais ne s'applique pas à l'*offre globale* : **supply**.

   firm offer : *offre ferme*
   on offer : *à vendre* ;
   offer price : *prix de vente*.

c. order : 1) *ordre*. **Law and order** : *la loi et l'ordre* ;
              2) *commande*.

B 41 — TRAITEMENT

COD means <u>Cash on Delivery</u>.
COD signifie règlement à la livraison.

♦ **d** On dit aussi *livraison* ou *envoi contre remboursement*.
cash : *espèces, argent liquide, argent comptant.*

En anglais moderne, il peut y avoir différence de sens entre **in cash** : *en espèces,* et **cash** : *au comptant,* ce dernier cas n'excluant pas le règlement par chèque.

Ainsi :

– **payment in cash** : *règlement en espèces,*
– **cash payment** : *règlement immédiat.*

L'abréviation parallèle à **COD** est **CWO** :
cash with order : *règlement à la commande.*

Les autres réponses proposées ne font pas l'objet d'abréviations et signifient :

a. **cost of duties** : *coût des droits* (de douane, par exemple).

b. **change of date** : *changement de date.*

c. **catalogue on demand** : *catalogue sur demande* (US **catalog**).

B 42 — TRAITEMENT

The index is up again, after <u>hitting</u> a five-year low.

L'indice remonte à nouveau, après avoir atteint son niveau le plus bas des cinq dernières années.

♦ **b** **To hit a low** : *atteindre un point bas, le creux d'une courbe* (voir **B 6**).

a five-year low : notez l'absence de « s » à **year** et le trait d'union entre **five** et **year**, indiquant que **five-year** est ici un adjectif.

Cf. **a two-hour meeting** : *une réunion de deux heures*

index : *indice,* pluriel **indices** ou (plus fréquemment aujourd'hui) **indexes**.

a. **meeting** : de **to meet, met, met** : *rencontrer*.
Impossible ici.

c. **getting** : de **to get, got, got** : *devenir, obtenir*.
Impossible ici.

d. **hedging** : de **to hedge** : *(se) garantir, (se) protéger* (origine **a hedge** : *une haie,* d'où : *une protection*).

Le terme hedging est très utilisé dans le domaine de la couverture contre le risque de change et dans le domaine boursier au sens de couverture à terme, couverture d'un achat à terme par une vente à terme, d'une transaction au comptant par une transaction à terme, etc.

To hedge signifie avant tout *équilibrer ses risques, ne pas mettre ses œufs dans le même panier.*

B 43   TRAITEMENT

Overheads means general expenses.
Overheads veut dire frais généraux.

- **a. overheads** : de **overhead expenses, overhead charges** : *frais généraux.*

    Overhead : *en haut, au-dessus, qui couvre l'ensemble.*

b. overalls : *survêtement ; bleu(s) de travail.*
Overall, adj. : *global, d'ensemble, total, général.*
Overall consumption : *consommation globale.*

c. turnover :
1) *chiffre d'affaires* ;
2) *rotation* (du personnel, de bateaux dans les ports, etc.).

d. prospect(s) :
1) *perspective(s)* ; **bright prospects** : *perspectives brillantes, avenir brillant* ; **bleak/gloomy prospects** : *avenir/perspectives sombres* ;
2) *client(s) potentiel(s).*

B 44 — TRAITEMENT

Please find <u>enclosed</u> a cheque for the amount (US check).
Veuillez trouver ci-joint un chèque de ce montant.

- ◆ **c** **to enclose** : *joindre*.

    to enclose a document with a letter :
    joindre un document à une lettre.

    Please find enclosed : *veuillez trouver ci-joint.*

    I enclose : *je joins, etc.*

    Enclosure(s), encl. : *pièce(s) jointe(s).*

- ➤ Autres formules (un peu vieillies) :

    I am sending you herewith
    You will find ... herewith.

a. **to include** : *comporter, inclure, comprendre.*

b. **to join** : signifie *se joindre à, rejoindre, adhérer.*

   to join a union : *adhérer à un syndicat,*
   to join a firm : *entrer dans une entreprise*
   to join an association : *rejoindre une association,*
   to join a treaty : *s'associer à un traité.*

d. **to grant** : *accorder.*

   A grant : 1) *une subvention* (**a subsidy**)
              2) *une bourse* (étudiant)

B 45   TRAITEMENT

Ask them to run our <u>ad</u> in Monday's issue.
Demandez-leur de passer notre annonce dans le numéro de lundi.

♦ **b** **ad** : *annonce publicitaire.*

Abréviation de *petite annonce* : **advertisement**.
Ce mot a deux prononciations :

GB [əd'vɜːrtɪsmənt/*edve*ʳ*tisment*], d'où l'abréviation **advert**, et

US ['ædvɜːrtaɪsmənt / *adve*ʳ*taïsment*], d'où l'abréviation **ad**, plus fréquente en anglais international.

An adman : *un publicitaire, un spécialiste de la publicité.*

Attention à la différence entre :

publicity : *le fait de donner de la publicité à, de faire connaître, d'assurer des relations publiques,*

advertising : *la publicité au sens général* (**advertising agency** : *agence de publicité*), et

advertisement : *annonce publicitaire, petite annonce, annonce radio ou télé, pub, réclame.*

an issue ['ɪʃjuː / *ichiou:*] :

1) *numéro*; **Monday's issue** : *le numéro de lundi*
Dans **Monday's issue,** notez le cas possessif de temps (cf. **yesterday's newspaper** : *le journal d'hier*).
Ne pas oublier les majuscules, obligatoires en anglais, aux jours de la semaine : **Monday**, **Tuesday**, etc.).

2) *mise en circulation, parution, publication*
To issue : *émettre, publier* (un communiqué, etc.), *sortir* (un produit, etc.).

3) *un problème* (sur lequel les gens se divisent)
a point at issue, *un point controversé*

B 45 SUITE — TRAITEMENT

a. to add : *ajouter ; additionner.*

c. spot :
   1) *lieu.* **On the spot** : *sur place.*
      spot market : *marché du comptant* (par opposition à **a forward market** ou **futures market** : *marché à terme*).
   2) *annonce publicitaire à la radio ou à la télévision.*

d. commercial (adj.) : *commercial au sens large.* Moins employé qu'en français.

   Service commercial : **sales department.**
   Les commerciaux : **sales people.**

   A commercial : *une annonce ou une émission publicitaire radio ou télé.*

B 46   TRAITEMENT

In spite of that temporary drop <u>in</u> consumer demand, annual consumption increased <u>by</u> 3%.

Malgré cette baisse temporaire de la demande des consommateurs, la consommation annuelle a augmenté de 3%.

◆ **c drop** : pour le choix de la préposition qui suit, voir **B 37 d**.

consumer demand : *dépenses de consommation.*

Notez l'emploi de **consumer** en position d'adjectif, comme dans **consumer society** : *société de consommation.* Verbe : **to consume** : *consommer.*

Annual et **yearly** peuvent être synonymes :

soit au sens de *qui a lieu une fois par an* : **a yearly review** : *une revue annuelle,* **annual general meeting** (AGM) : *assemblée générale annuelle ;*

soit au sens de *qui couvre toute une année* : **annual profits, yearly profits** : *bénéfices annuels.*

Yearly est plus employé au premier sens, **annual** au deuxième.

Increased by 3% ou (US) **increased 3%**, voir **B 37**.

a. of n'est pas possible après le verbe **to increase**.
Serait possible avec le nom :
an increase of 3%, *une augmentation de 3%*

b. of impossible ici ; on doit dire :
a drop/fall/rise/increase in demand/prices etc.

d. by et **of** impossibles ici.

B 47 — TRAITEMENT

Consumers have gone on a buying <u>spree</u>.
Les consommateurs ont été saisis d'une fièvre d'achats.

♦ **d** **to go on a buying spree, a purchasing spree** : se lancer dans une frénésie d'achats

➤ **to go on a spree**
1) *faire la fête, faire la noce, faire la bringue, faire la foire ;*
2) *se lancer sans retenue dans une activité.*

➤ **consumers** : notez l'absence d'articles puisqu'il s'agit des *consommateurs* en général.

a. **wave** :
   1) *vague* : **a wave of strikes,** *une vague de grèves*
   2) *onde* : **short waves,** *ondes courtes*
      wavelength, *longueur d'ondes*

b. **rush** : *ruée, cohue ;*

   rush on a bank, *ruée sur les guichets* (pour retirer des fonds) ;
   rush hours, *heures de pointe*

c. **tide** : *marée.*

   to tide over, *surmonter des difficultés* (notamment financières)

B 48 TRAITEMENT

More than two <u>thousand</u> workers are threatened by redundancies.

Plus de deux mille ouvriers sont menacés par les licenciements (risquent de perdre leur emploi).

♦ **a** **two thousand workers** : lorsqu'il sont précédés d'un chiffre, les mots **thousand**, **hundred**, **million**, **billion** sont considérés comme adjectifs et donc invariables.

Ils sont, par contre, substantifs et prennent donc la marque du pluriel quand ils ne sont pas précédés d'un chiffre :

I have seen thousands : *j'en ai vu des milliers.*

Dans de tels cas, le complément de nom qui suit est introduit par **of** :

hundreds of cars : *des centaines de voitures*
mais **two hundred cars** : *deux cents voitures.*

Avec **many** et **several**, les deux solutions sont possibles :
many thousands of cars ou **many thousand cars**,
several thousands of cars ou **several thousand cars**.

to threaten : *menacer* ; formé sur **threat** : *menace.*

B 48 SUITE — TRAITEMENT

redundancies : *licenciements pour raisons économiques.*

to make workers redundant : *licencier des ouvriers, mettre des ouvriers au chômage* (**unemployment**).

redundant et **redundancy** (cf. le français *redondant, redondance*) signifient *superflu, qui fait double emploi, en surnombre*.
Appliqués aux ouvriers rendus inutiles par la mécanisation, ils ont pris le sens de *licencié, licenciements*.

redundancy est plus ou moins synonyme de **lay-off** (US **layoff**), **to make redundant** de **to lay off** (*licencier pour raison économique, pour compression de personnel*).

À l'origine, **to lay off**, **a lay-off** s'appliquaient à un licenciement temporaire, ou au chômage technique. Cela peut être encore le cas en anglais britannique. Mais la principale différence aujourd'hui est que :

to lay off, a layoff sont d'un emploi plus américain,

to make redundant, a redundancy d'un emploi plus britannique.

B 49 — TRAITEMENT

Since the implementation of the new safety measures there have been far fewer <u>industrial injuries</u>.

Depuis l'application des nouvelles mesures de sécurité, il y a eu beaucoup moins d'accidents du travail.

♦ **c industrial injuries** : *accident du travail* (m. à m. *blessures industrielles*);
industrial est souvent utilisé pour désigner les relations entre patrons et ouvriers (**industrial dispute** : *conflit du travail*; **industrial action** : **strike** = *grève*).

implementation : *application, mise en œuvre.*
to implement : *appliquer, mettre en application, mettre en œuvre, mettre en pratique.*
an implement : *un outil agricole, de jardinage* (*outil* = **tool**).

safety : *sécurité de l'emploi*; **safety on the job** : *sécurité sur le lieu de travail.*
Notez l'emploi de **far fewer** devant le pluriel. Devant un singulier on aurait **far less** (**far less danger**, etc.).

Les solutions proposées **a** et **b** sont impossibles :

a. job wrecks

wreck : 1) *épave* (physique ou morale);
2) (US) *accident de voiture, d'avion* (**crash**).

b. work wounds

wound : *blessure* (à l'arme blanche ou par arme à feu, et donc distinct de **injury**).

d. sickness benefit : *allocation maladie*. Pour **benefit,** voir **B 38**.

B 50   TRAITEMENT

We'll have to <u>take legal action</u> for breach of contract.

Nous serons contraints d'engager des poursuites pour rupture de contrat.

♦ **b** **to take legal action** : *engager des poursuites, intenter un procès, faire procès* (notez l'absence d'article).
Les expressions signifiant *engager des poursuites* sont nombreuses (ce qui n'est pas surprenant aux États-Unis, pays où l'on engage des procès sous le moindre prétexte) :
– **to take/to start proceedings, to institute (legal) proceedings,**
– **to go to law, to go to court, to bring an action against someone,** (US) **to file a (law) suit;**
– **to prosecute** (qui signifie le plus souvent *exercer des poursuites*).
breach of contract : *rupture de contrat* (cf. **to break** : *rompre*). Notez aussi :
breach of trust : *abus de confiance,*
breach of regulations : *infraction aux règlements.*

a. **to proceed** : 1) *agir*; 2) *continuer, poursuivre.*
   proceeds (n. pl.) : *produit des ventes, recettes, rentrées.*

c. **process** : 1) *processus*; 2) *procédé, méthode.*

d. Le choix offert par les expressions vues plus haut en **b** exclut le maladroit « **start a trial** ».
   trial : 1) *essai, épreuve*; 2) *jugement, procès.*
   trial order : *commande à l'essai.*
   To put someone on trial : *faire passer quelqu'un en jugement.*
   Le verbe correspondant est **to try** : 1) *essayer*; 2) *juger, faire passer en jugement.*

B 51   TRAITEMENT

For more detailed information, please call our <u>toll-free</u> number.
Pour des renseignements plus détaillés, appelez notre numéro vert (numéro de libre appel).

♦ **d** **toll-free number** :
formé avec **toll** : *péage, droit de péage,* et **free** : *libre de, dégagé de, exempt de,* d'où le sens de *numéro d'appel gratuit*. (Traduction usuelle de *gratuit* : **free of charge**).

a toll-bridge : *un pont à péage.*
a toll-motorway : *une autoroute à péage.*
toll est également utilisé au sens de nombre de victimes dans une catastrophe : **the death toll** : *le nombre de morts.*
Attention à **information** qui est un collectif singulier et ne prend donc jamais de « **s** » : **information is available** : *les renseignements sont disponibles (l'information est disponible).*

– *un renseignement* : **a piece of information.**

to call someone (on the phone) : *téléphoner à quelqu'un, appeler quelqu'un au téléphone.*
to call on someone : 1) *rendre visite à quelqu'un* ; 2) *faire appel à quelqu'un.*

a. **free-trade** : *libre-échange, libre-échangisme.*

b. **duty-free** : *en franchise, dispensé de droits de douanes, (marchandises) dédouané(és).*

c. **free of charge** : *gratuit;* **charge** : *somme à payer.*

to charge : *faire payer, « prendre ».*
how much do you charge? *combien prenez-vous ?*
charge it to my account : *mettez cela sur mon compte, tirez la somme sur mon compte.*

B 52 — TRAITEMENT

The bank has refused to make us a <u>loan</u>.
La banque a refusé de nous accorder un prêt.

- ◆ **b** **loan** : signifie selon le contexte *prêt* ou *emprunt*.
  Cf. **debt** [det] qui signifie *dette* ou *créance*.

  to apply for a loan : *faire une demande de prêt*.
  To make a loan, to grant a loan : *accorder un prêt*.
  To be granted a loan : *obtenir un prêt*.

- ➤ Notez l'existence en américain du verbe **to loan** : *prêter* (synonyme de **to lend, lent, lent**).

a. **to borrow** : *emprunter* ; *emprunteur* : **borrower**.

c. **to lend** : *prêter* ; *prêteur* : **lender**.

d. **mortgage** : *hypothèque*, voir **B 10**.

B 53 — TRAITEMENT

Successful applicants should be in their late twenties and preferably university graduates.

Pour être retenus, les candidats devront avoir de 25 à 30 ans et être de préférence diplômés d'université (mot à mot : *pour réussir les candidats devraient …*).

♦ **C a graduate** : *un diplômé.*

to graduate : *obtenir un diplôme* (au terme d'un cycle d'études).

successful : de **success** : *succès, réussite.*
Le verbe correspondant est **to succeed** : *réussir.*

applicant : *candidat,* en particulier à un emploi (*candidat à un examen* : **candidate**).

to apply : *faire acte de candidature ;*
to apply for a job : *postuler à un emploi ;*
Aussi *s'adresser à* : *Adressez-vous au siège social* : **apply to the Head Office.**
application : *acte de candidature ; demande* (de prêt, etc.).

in their late twenties : (*âgé[e]s*) *de 25 à 30 ans.*
Cf. **in their early twenties** : *de 20 à 25 ans,* **in their mid/middle twenties** : *de 24 à 27 ans.* Ne pas confondre avec **in the late twenties** : *à la fin des années 20,* **in the early seventies** : *au début des années 70.*

B 53 SUITE — TRAITEMENT

a. **degree** : *diplôme universitaire, titre universitaire*.
   Nécessiterait une construction telle que :
   ➤ **to have/to hold** (*détenir*) **a degree.**

b. **graduated** nécessiterait une construction telle que :
   ➤ **to have graduated** : *avoir reçu son diplôme, avoir été diplômé*.

d. **awarded** : de **to award** : *accorder*. Nécessiterait une construction telle que :
   ➤ **to be awarded a degree/a diploma**, *recevoir un diplôme* ; **to have been awarded a degree/a diploma** : *avoir reçu un diplôme*.

B 54   TRAITEMENT

Exporters now have to <u>comply with</u> these regulations.
Les exportateurs doivent maintenant se conformer à ces règlements.

♦ **a to comply with** : *se conformer à, respecter* (un règlement, un accord).

compliance : *conformité, respect* (d'un accord), *acquiescement.*
regulation : *règlement* ou *réglementation*. Verbe : **to regulate** : *réglementer, fixer les règles.*

exporters : notez l'absence d'article puisqu'il s'agit des exportations en général.

Remarquez aussi la place de l'adverbe **now** : comme les adverbes de manière, il se place avant le verbe (ici **to have** : *devoir*).

Attention à la traduction du français *exportation*.
S'il s'agit des *marchandises exportées*, du *volume des exportations*, choisir **export(s)**.

Exportation, qui signifie *le fait d'exporter*, est d'un emploi plus rare.

b. to afford : *(se) permettre, avoir les moyens de, être en mesure de.*

Souvent utilisé avec **can** :
I can afford it : *je peux me le permettre, mes moyens me le permettent,*
I can't afford it : *je ne peux pas me le permettre ;*
I can't afford to wait : *je ne peux pas attendre.*

B 54 SUITE — TRAITEMENT

c. **to abide** : ne serait possible que s'il était suivi de la préposition **by** pour introduire le complément.

to abide by : *se conformer à, respecter.*

Peut être synonyme de **to comply with**, en plus formel.

Souvent avec le sens de *rester fidèle à, se soumettre à, s'en tenir à* :

a law-abiding citizen : *un citoyen respectueux de la loi.*

D'autres verbes peuvent traduire l'idée de *se conformer à, respecter un accord, honorer un engagement*, etc. :

to honour (US **honor**), **to respect, to observe, to adhere to, to stick to** ;

respecter un delai : **to meet a deadline**.

d. **to compel** : *obliger, forcer, contraindre.*

B 55 — TRAITEMENT

Please send us the invoice in <u>duplicate</u>.

Envoyez-nous la facture en double exemplaire(s'il vous plait).

♦ **C** **in duplicate** : *en double*.
a duplicate ['dju:plıkət / *diou:pliket*] : *un double*.
to duplicate ['dju:plıkeıt / *diou:plikeït*] : *faire un double, reproduire, photocopier* (**to photocopy, to xerox**).
Notez la différence de prononciation entre la dernière syllabe du nom et celle du verbe. On a de même **to triplicate, in triplicate, to quadruplicate, in quadruplicate.**
Au-delà, on utilise **five copies, six copies,** etc.
invoice : *facture*.
bill est plus familier (c'est aussi le mot utilisé en anglais pour la note dans un restaurant = [US] **check**).
to invoice : *facturer*. Synonyme : **to bill**.
I am sending you six copies of the invoice.

a. **double** : ne peut signifier que *le double* au sens de *deux fois plus* ou *un double* au sens de *sosie*. **To double** : *doubler*.

b. **examples** signifie *exemples*, impossible ici.

Mais on pourrait avoir : **send us two copies of the invoice** : *envoyez-nous deux exemplaires de la facture*.

d. **twice** : *deux fois, à deux reprises*.

twice as much (devant un singulier ou se rapportant à un singulier) ;
twice as much money : *deux fois plus d'argent* ;
twice as many (devant un pluriel ou se rapportant à un pluriel) : **twice as many cars** : *deux fois plus de voitures*.

B 56 — TRAITEMENT

A deed of property is legal evidence of ownership.

Un titre de propriété est une preuve légale de propriété.

♦ **a deed** : 1) *acte* (de courage, de valeur), *exploit, haut fait* ;
   2) *acte* (de propriété, notarié), *titre, document officiel*.
   A deed of partnership : *un contrat d'association*.
   Evidence : *preuve, preuves*. C'est en général un collectif singulier qui ne peut s'employer avec l'article indéfini (cf. **information**).
   Nous cherchons des preuves convaincantes :
   We are looking for convincing evidence.
   Dans le cas où il faut parler d'une preuve spécifique, on dira **a piece of evidence.**
   Ownership : *propriété* (au sens du fait d'être propriétaire). Formé sur **to own** : *posséder,* **owner** : *possesseur, propriétaire*.
   Property peut aussi avoir ce sens (fait d'être propriétaire) mais désigne le plus souvent la propriété au sens des biens possédés.

b. an act : 1) *un acte, une action* ;
   2) *un texte voté par le parlement, une loi*.

c. a bill :
   1) *un projet de loi, une proposition de loi* ;
   2) *une facture ; une addition, une note* (de restaurant) ;
   3) **a bill of exchange** : *une traite, une lettre de change* ;
   4) *une affiche* ;
   5) *un bon*. **A Treasury bill** : *un bon du Trésor*.

d. an estimate : *une évaluation, une estimation, un devis*.
   To estimate : *évaluer, estimer*.

B 57   TRAITEMENT

Our terms of payment are 20% with the order and the <u>balance</u> on delivery.

Nos conditions de paiement sont 20% à la commande et le solde à la livraison.

- **balance** :
    1) *balance, équilibre.* (**to balance** : *équilibrer*).
    2) *solde, restant* ; **credit balance** : *solde bénéficiaire.*

➤ *Soldes* (ventes de marchandises à prix réduits) : **sale, clearance sale.**
terms : *conditions.*

➤ En anglais, **terms** désigne plutôt les conditions générales (**usual terms**), et **conditions** des conditions spécifiques.

D'où l'expression **terms and conditions** : *conditions générales et particulières.*

Dans ce sens de *clauses, termes, conditions*, **terms** est employé au pluriel.

Pour *une clause, une condition,* utiliser **a clause, a provision, a condition**.

term, au singulier, signifie :
1) *période, durée ;*
2) **term (of office)** : *mandat, durée de fonction ;*
3) *trimestre* (scolaire, le trimestre du point de vue de l'activité économique étant **quarter**).

B 57 SUITE — TRAITEMENT

a. **sold** : prétérit et participe passé de **to sell** : *vendre*.

b. **to remain** : *rester, demeurer*.
   remains : *vestiges, dépouille, restes d'un repas*.

d. **to complete** : *compléter, accomplir*.
   faire/accomplir un stage : **to complete a training-period, an internship.**
   complete (adj.) : *complet, terme, réalisation, fait de compléter* ou *d'accomplir*.

B 58 — TRAITEMENT

When it was announced that the pay-rise had been granted, the union officials decided to call <u>off</u> the strike.

Après l'annonce que l'augmentation de salaire avait été accordée, les responsables syndicaux ont décidé d'annuler le mot d'ordre de grève.

- ♦ **d** **To call off a strike** : *annuler un mot d'ordre de grève* (Cf. **It's on** : *cela a lieu*, **it's off** : *c'est annulé*). Ne pas confondre avec **to call for a strike** : *appeler à la grève, réclamer la grève* et **to call a strike** : *décréter une gève, lancer un mot d'ordre de grève*. Notez aussi **to stage a strike** : *organiser une grève*.

    Pay-rise : *augmentation de salaire*.
    Cf. : **pay-fight** : *conflit salarial* ;
    pay-offer : *offre salariale* ;
    pay-claim : *revendication salariale*.

- ▶ Le terme **pay** a l'avantage de couvrir à la fois **wages,** *salaire de l'ouvrier* (**blue-collar** : *col bleu*) et **salary,** *traitement du cadre* (**executive**).

- ▶ Remarque : pour les rémunération qui ne sont ni salaire ni traitement, utiliser **fee** : *honoraires*, etc.
    union : *syndicat* (GB **trade-union,** US **labor union**).
    Responsable syndical : **union leader,** *union official*.

- ▶ Attention, de façon générale, à la traduction en anglais du français *un responsable, les responsables* : **responsible** ne peut être qu'adjectif. Il faut donc utiliser le nom **official**, quand il s'agit de représentants officiels, **leader**, pour des organisateurs de mouvements, ou **manager** ou **executive** pour des responsables de départements : **sales manager** : *responsable des ventes*, **personnel manager/executive** : *responsable du personnel*.

B 58 SUITE — TRAITEMENT

a. **to call out,** *pousser des cris*
   to call out for help, *appeler à l'aide*

b. **to call away**, m. à m. *appeler à l'extérieur.*
   Ex. : **He's been called away on business**, *Il a dû s'absenter pour affaires*

c. **to call up :**
   1) *mobiliser* (troupes) ; *rappeler* (réservistes)
   2) *appeler au téléphone*

B 59 — TRAITEMENT

For more detailed information, please apply <u>to</u> the Head Office.

Pour de plus amples renseignements, adressez-vous au siège social.

- ◆ **to apply** : 1) *s'adresser* (**à** : **to**) ; 2) *faire acte de candidature*.
  Head Office : *siège social*. Le terme juridique, pour une société, est **Registered Office**.
  En langue courante, on parle souvent de **headquarters** (*quartier général*), traité comme un singulier la plupart du temps.

- ➤ **information** : attention à ce mot. C'est un collectif singulier. Il correspond au français *des renseignements* mais est singulier et ne prend donc jamais de **s**.
  Information is available… :
  Les renseignements sont disponibles…

- ➤ Lorsqu'il est nécessaire de dire *un renseignement*, utiliser **a piece of information**.

a. **to apply for** signifie : *être candidat à, faire une demande de/pour*.

b. **with** ne se justifierait que dans une construction comme :

   he applied with success,
   sa demande a été couronnée de succès = il a obtenu le poste

c. **on** ne se justifierait que dans une construction du genre :

   she applied on the advice of her friends,
   elle a posé sa candidature sur les conseils de ses amis.

B 60 — TRAITEMENT

If the article is faulty, you'll be <u>refunded</u>.

Si l'article est défectueux, vous serez remboursé.

- ♦ **c to refund** : *rembourser, rendre une somme déjà versée.*

    rembourser une dette : **to pay off a debt, to pay back a debt.**
    faulty : synonyme : **defective.**

a. **to settle** :
   1) *régler* (un conflit, une somme) ; 2) *s'installer* (mais pas *installer* !).

b. **to claim** : 1) *revendiquer* ; 2) *prétendre*.

   ➤ **A claim** : *une revendication* : un droit que l'on fait valoir, une demande d'indemnisation. Notez dans le domaine de l'assurance, **settlement of claims** : *règlement des sinistres*.

d. **to recover** : *retrouver, recouvrer ; guérir ;* (économie) *reprendre ;*

   recovery : *guérison ;* (économie) *reprise.*

   ➤ Attention : *reprise du travail* : **resumption of work** ; *reprise d'entreprise* : **acquisition, buyout ; takeover.**

   ➤ En dehors de **recovery,** le plus fréquent, les mots suivants désignent aussi une *reprise économique* :

   revival, rebound, upturn, pick-up, rally (ce dernier s'appliquant plus particulièrement à une reprise boursière).

B 61   TRAITEMENT

In accounting, the loss in value due to wear and tear of fixed assets is compensated for by <u>depreciation</u> allowances.

En comptabilité, la perte de valeur due au vieillissement et à l'usure des actifs immobilisés est compensée par les dotations aux amortissements.

- ♦ **d** **depreciation** : signifie selon le contexte la *baisse de valeur* ou le processus comptable destiné à compenser cette dévaluation, c'est-à-dire l'*amortissement*.

    L'anglais utilise des mots différents selon ce que recouvre le terme *amortissement*.

- ➤ Ainsi, *amortissement des frais initiaux (d'établissement)* : **amortization (of start-up costs)**.
    Amortissement d'actifs immobilisés : **depreciation (of fixed assets)**. *Amortissement d'une dette* : **redemption (of a debt)**.

- ➤ De même *amortir*, selon les cas, sera :
    to amortize, to depreciate (qui peut aussi signifier *perdre de la valeur, se déprécier*), ou **to redeem**.
    On trouve aussi souvent le terme général **to write off** : *amortir*.

- ➤ Notez :
    – *amortissement linéaire* : **straight-line depreciation** ;
    – *amortissement dégressif* : **depreciation on a reducing/decreasing balance**.

   allowance : 1) *allocation, indemnité* ;
                 2) *remise, réduction* ;
                 3) *tolérance*.

   to allow : 1) *accorder, consentir* ;
               2) *permettre, admettre*.

B 61 SUITE — TRAITEMENT

➤ **wear and tear** désigne *l'usure du matériel*.
 – **wear** : *usure, détérioration par l'usure* ;
 – **tear** [teər / tè-er] : *déchirure*, désigne aussi *l'usure mécanique*.
 Notez l'expression **fair wear and tear** : *usure normale*.
 – **fixed assets** : *actifs immobilisés, immobilisations* (usines, équipement, machines, véhicules etc.).

➤ distinguer de **circulating assets** ou **currents assets** : *actif circulant* (liquidités, compte clients, marchandises, etc.).
 asset : 1) (comptabilité) *actif* ; 2) *atout, avantage*.

➤ **Liability** : 1) (comptabilité) *passif, dette* ;
              2) *faiblesse, défaut* (voir **B 86**).

➤ **to compensate for** : *compenser*.
 Notez l'emploi de **for** pour introduire le complément :
 to compensate for something : *compenser quelque chose*.
 Synonyme : **to offset**.

a. **redemption** : *rachat* ; *amortissement d'une dette*.

b. **dereliction** : *abandon, délaissement*.

c. **breakdown** : 1) *panne* ;
                2) *rupture* (de négociations) ;
                3) *ventilation, répartition* (comptabilité, sondages).

B 62   TRAITEMENT

For all motorists, <u>third-party</u> insurance is compulsory.
Pour tous les automobilistes, l'assurance au tiers est obligatoire.

- **a. third-party** : *un tiers*.

- Attention à la traduction en anglais du mot *assurance* selon ses différents sens.
  - *assurance = compagnie d'assurance* : **insurance company**.
  - *assurance = fait d'assurer* : **insurance, insuring, coverage**.
  - *assurance = police d'assurance* : **insurance policy**.
  - *assurance = prime d'assurance* : **insurance premium**.
  - *assurance = indemnisation* : **compensation**.

- Attention aussi aux différents sens du français *assurer* :
  - *garantir, donner l'assurance que* : **to assure** ;
  - *faire en sorte de* : **to ensure that** ;
  - *s'assurer que* : **to make sure that** ;
  - *assurer des biens* : **to insure**.

- Notez :
  - *assurance-vie* : **life assurance, life insurance**.
  - *assurance vol et incendie* : **fire and theft insurance**.
  - *assurance maritime* : **marine insurance, underwriting** ;
  - *prendre une (police d') assurance* : **to take out an insurance policy**.

b. one third : *un tiers*.

c. the third : *le troisième*, ou *tiers*.

d. third person : *troisième personne*.

B 63 — TRAITEMENT

Click on our <u>home page</u> and select your destjnation.
Cliquez sur notre page d'accueil pour sélectionner votre destination.

- ♦ **b home page** : *page d'accueil* d'un site sur le Net, présentant les activités et offres de ce site.

a. word-processing : *traitement de texte.*
  ➤ **to process** : *traiter, transformer.*
  A process : *un processus; un procédé.*

c. mail-order : *commande par correspondance*
  ➤ **mail-order firm,** *enterprise de vente par correspondance, vépéciste.*
  Les entreprises se reconvertissent souvent dans la vente à distance sur le Net :
  e-selling, distance selling.

d. end-of-aisle, *tête de gondole* :
  Attention à la prononciation de **aisle** [aıl / *aïl*]
  ➤ **end-of-aisle display,** *présentoir de tête de gondole, présentation en tête de gondole.*
  ➤ **aisle** : *allée, couloir* (train, autocar, supermarché, theater), *bas-côté, nef* (église).

B 64 — TRAITEMENT

His car had been bought <u>on</u> credit.
Sa voiture avait été achetée à crédit.

- ♦ **c** **to sell, to buy on credit** : *vendre, acheter à crédit.*
  to sell, to buy for cash : *vendre, acheter, au comptant.*

- ➤ **Credit rating, credit standing, credit status, creditworthiness** : *solvabilité.*
  – **credit terms** : *conditions de crédit.*
  – **to credit** : *créditer.*
  – **creditor** : *créancier.*
  – **credit card** : *carte de crédit.*
  – **credit balance** : *solde positif.*

a. impossible avec **credit**.

b. with ne serait possible qu'avec la construction : **with a credit of…**, *avec un crédit de…*

d. impossible ici.

B 65 — TRAITEMENT

We haven't <u>booked</u> any order from them this month.

Nous n'avons pas enregistré la moindre commande de leur part ce mois-ci.

♦ **b** we haven't booked :

➤ Notez l'emploi du présent perfect, normal car le mois dont on parle n'est pas terminé (règle de l'unité de temps).

➤ Mais on aurait **we didn't book any order from them last month** (*le mois dernier*).

to book : 1) *inscrire, enregistrer* ;
2) *réserver* (une chambre, etc.).

a. **to place an order with someone** : *passer une commande à quelqu'un* ;

➤ synonyme : **to order from someone** : *commander à quelqu'un*.

c. **to withdraw, withdrew, withdrawn** : *retirer* ; **withdrawal** : *retrait*.

d. **to become, became, become** : *devenir*.

B 66 — TRAITEMENT

The cost of labour in this country is too high, and we'll have to <u>relocate</u> several of our plants.

Le coût de la main-d'œuvre dans ce pays est trop élevé, et il nous faudra délocaliser plusieurs de nos usines.

- ♦ **d to relocate** : *délocaliser.*

    relocation : *délocalisation.*

- ➤ **Plant** : 1) *usine* ; **power plant,** *centrale électrique* ; **nuclear plant,** *centrale nucléaire*

    2) (GB) *installation industrielle, infrastructure industrielle.*

a. **countertrade** : *accord de compensation, contrepartie, troc.*

   ➤ Le terme recouvre plusieurs types de transactions en commerce international qui ne passent pas par un règlement en devises.

   Ex : avions contre minerai, etc. **Countertrade** remplace dans le vocabulaire économique moderne le mot **barter** (*troc*).

b. **to securitize** : *titriser.*

   Opération par laquelle des créances sont transformées en titres qui peuvent être cotés sur le marché boursier.

   ➤ **Securitization**, *titrisation.*

c. **to incorporate** :

   1) *incorporer*
   2) *contenir*
   3) *se constituer en société* (**corporation** : *personne morale* ; (US) *société par action, société anonyme* ; (GB) *organisme public* ou *semi-public*

B 67 — TRAITEMENT

The <u>parent</u> company owns more than 60% of the subsidiary's capital.

La société mère possède plus de 60% du capital de la filiale.

♦ **a** **parent company** : *société mère* (qui détient une partie du capital de la filiale).

   Subsidiary : *filiale*; en général détenue à plus de 50%. Cf. **wholly-owned subsidiary** : *filiale détenue à 100%*.

   Lorsque la société mère détient moins de 50% du capital de la filiale, celle-ci peut être une **affiliate.**

   Capital : *capital*. Attention : dans ce sens, ne se met jamais au pluriel :
   fournir des capitaux : **to supply capital.**

b. **mother** : ne peut s'employer en ce sens
   (mais **mother-tongue** : *langue maternelle*).

c. **branch** : *succursale, agence* (unité géographique mais qui n'a pas, à la différence d'une filiale, le statut de société).

d. **corporation** :
   1) (US) *société par action* (en général de grande taille);
   2) (GB) *organisation public* ou *semi-public* (cf. **the BBC, British Broadcasting Corporation**).

B 68 — TRAITEMENT

These stores will provide new <u>outlets</u> for our products.
Ces magasins fourniront de nouveaux débouchés à nos produits.

- ◆ **c outlet** : *débouché*. **Retail outlet** : *magasin de détail*.

- ▶ **Product(s)** : *produit(s)*.
  Pour les *produits agricoles*, on trouve aussi le collectif singulier **produce** :
  farm produce : *produits fermiers*.

- ▶ Le verbe *produire* est **to produce**.
  Un producteur : **a producer**.

- ▶ **store**, *magasin*. Au pluriel, **stores**. Peut aussi signifier *stocks*.
  Department store : *grand magasin*.
  Chain store : *magasin à succursales multiples* ; synonyme **multiple(s)**, *succursaliste(s)*.

a. **outlay** : *mise de fonds*.

b. **lay-out** : *disposition* (dans l'espace).
   – **lay-out of an office** : *disposition d'un bureau* ;
   – **lay-out of a business letter** : *présentation d'une lettre commerciale*.

d. **outfit** : *organisation ; équipe*.

- ▶ Attention : le mot est souvent humoristique ou péjoratif.

B 69 — TRAITEMENT

Such agreements between supposedly rival firms would clearly be in <u>restraint</u> of trade.

De tels accords entre des sociétés censément concurrentes constitueraient clairement une atteinte à la libre concurrence.

- ♦ **c** **in restraint of trade** : se dit des pratiques portant atteinte à la liberté du commerce ou à la libre concurrence.
  On parle aussi de **restrictive trade practices**.
- ➤ **agreement** : *accord*. *Être d'accord* : **to agree**.
- ➤ **rival** : *rival(e), concurrent(e)*.
  Verbe : **to rival someone** : *rivaliser avec quelqu'un*. Notez la construction directe.
  Synonyme : **to compete with someone.**
- ➤ *concurrence* : **competition** ;
  – *concurrent* : **competitor** ;
  – *concurrentiel* : **competitive** ;
  – *compétitivité* : **competitiveness** ;
- ➤ Attention à l'anglais **concurrence**, *consentement, fait d'être d'accord, d'aller dans le même sens* ; substantif faux ami correspondant au verbe **to concur** qui signifie 1) *coïncider, contribuer, concourir (à un résultat)* ; 2) *être/se mettre d'accord, s'accorder*.

a. **restriction** : *restriction*. Impossible ici.

c. **restraint** : *modération*.
  ➤ **voluntary restraint** : *modération volontaire*
    (employé notamment lorsqu'on demande à des syndicats de faire preuve de modération dans les revendications salariales, ou à un pays de limiter volontairement ses exportations).

d. **retention** : *fait de retenir, de conserver* (verbe **to retain** : *retenir, conserver*).
  ➤ **after-tax retentions** : *ce qui reste après l'impôt*.

B 70 — TRAITEMENT

You'll get compensation in case of <u>breach</u> of contract.
Vous serez dédommagé en cas de rupture de contrat.

- ♦ **b breach** (cf. **to break**) : *rupture* :
  breach of trust : *abus de confiance.*
  breach of promise : *violation de promesse, non-exécution d'engagement*
  breach of the peace : *atteinte à l'ordre public.*

- ➤ Mais *rupture des négociations* : **breakdown of negotiations, collapse of the talks, breaking off of negotiations**.
  Rupture des relations diplomatiques : **severance of diplomatic ties**.

- ➤ **Compensation** : *dédommagement. Dédommager quelqu'un de quelque chose* :
  to compensate someone for something.

a. **to break, broke, broken** : *briser.*
   Break : 1) (cours) *chute rapide;*
   2) *rupture, interruption;*
   3) *moment de répit, pause;*
   4) *coup de chance, occasion favorable.*

c. **broke** : (fam.) *sans le sou, fauché.*

d. **breakage** : *casse.*
   Breakage and leakage : *casse et fuite* (de liquide), *perte par casse et écoulement.*

B 71 — TRAITEMENT

The new deduction will benefit taxpayers in the lower income <u>bracket</u>.

Cette nouvelle déduction bénéficiera aux contribuables dans la tranche de revenus inférieure.

- ♦ **c bracket** : *fourchette*.
  age-bracket : *tranche d'âge*.

- ➤ **to benefit someone** : *profiter à quelqu'un, bénéficier à quelqu'un*. Notez la construction directe en anglais.

- ➤ **taxpayer** : *contribuable*. Notez :
  – (GB) **the Inland Revenue** ;
  – (US) **the Internal Revenue Service (IRS)** : *le fisc*.
  – **income tax** : *l'impôt sur le revenu*.
  – **tax-return** : *déclaration d'impôt*.

  To file one's tax-return : *remplir sa déclaration de revenus/d'impôts*.

- ➤ **Lower** : on emploie souvent le comparatif (au lieu du superlatif qui serait ici **the lowest**) quand on oppose en gros deux grandes catégories :
  the larger firms, *les grosses entreprises* par opposition à **the smaller firms,** *les petites entreprises*.

a. **target** : *cible, objectif*.

b. **scope** : *envergure, portée, étendue des compétences, champ d'action, liberté d'action*.

d. **range** : *portée*.
   – **long-range** : *à long terme* ;
   – **to range from… to …** : *s'étendre de … à, aller de … à …*

B 72 — TRAITEMENT

Domestic consumption will not increase significantly, so that we now have to tap new markets.

La consommation intérieure ne va pas augmenter sensiblement, si bien qu'il nous faut maintenant attaquer de nouveaux marchés.

- **a** **to tap** : (cf. **a tap** : *un robinet*) *mettre en perce* (un tonneau), *d'où s'attaquer à* (un marché), *se brancher sur une ligne téléphonique.*

    wiretapping : *écoutes téléphoniques.*

➤ Ne pas confondre avec **to tape** (**taping**) : *enregistrer* (sur bande, sur cassette).

b. tip : 1) *renseignement, tuyau*; 2) *pourboire*
   to tip : 1) *renseigner*; 2) *donner un pourboire.*

c. tape : *ruban, bande.*
   Red tape : *paperasserie, tracasseries/lenteurs administratives.*
   (**to tape** : voir plus haut.)

d. top : *haut, sommet.* Adj. *supérieur.*
   ➤ **to top** : 1) *venir en tête*; 2) *surmonter*; 3) *dépasser.*

B 73   TRAITEMENT

Our sales <u>forecast</u>s will have to be revised down.
Nos prévisions de ventes devront être revues en baisse.

- ♦ **a̲ forecast(s)** : *prévision(s)*.
  On trouve aussi **estimates** dans ce sens.

- ➤ Différents verbes signifiant *prévoir* : *prévoir = s'attendre à* :
  – **to expect, to anticipate** ;
  – **to foresee** (avec idée de prescience personnelle) ;
  – **to foretell** (avec un caractère quasi divinatoire) ;
  – **to forecast** : indique une prévision qui se veut fiable et que l'on fait connaître.
  Prévoir au sens de *stipuler* : **to provide** ; *la loi prévoit que* : **the law provides that...** *Ce document ne prévoit rien pour les stagiaires* : **This document does not provide anything for the trainees.**

- ➤ **to revise down** (ou **downward(s)**) : *revoir en baisse, à la baisse.*

- ➤ **to revise upward** : *revoir à la hausse*

a. **widespread** : *répandu, étendu ; fréquent.*
   - ➤ Attention, ce mot est adjectif et ne peut aucunement être employé comme nom ou comme verbe.
     – Comme substantif, utiliser **extension, expansion, spread(ing), growth**, etc.
     – Comme verbe, **to spread (far and wide), to grow (fast), to gain ground**, etc.

b. **outlook** : *perspective, avenir, impression d'ensemble* ; **the outlook is gloomy** : *l'avenir est sombre.*

c. **outline** : *contour ; esquisse, ébauche, grandes lignes.*
   to outline : 1) *esquisser* ; 2) *souligner.*

B 74 — TRAITEMENT

A hedge fund is <u>a highly speculative fund</u>.
Un « hedge fund » est un fonds hautement spéculatif.

- ◆ **a hedge** :
  1) *haie* ; 2) *moyen de protection, de défense* ; 3) *couverture, compensation des risques* (finance, devises) ; 4) (bourse) *arbitrage* ; 5) (bourse) *valeur (de) refuge*.

- ➤ **to hedge** : *se défendre, se protéger, se couvrir contre des risques* ;
  (Bourse) *faire la contre-partie, faire un arbitrage, acheter ou vendre à terme pour compenser les fluctuations des cours.*

b. Ceci correspond à la définition des paradis fiscaux.

   ➤ Attention : en anglais **tax-haven** (**haven** = *havre, refuge*) et non **heaven** (*paradis*).
   Les paradis fiscaux sont des lieux où l'imposition sur les capitaux (de sociétés ou privés) est nulle ou très faible.

c. **A high-risk mortgage loan** signifie un *prêt hypothécaire à haut risque* comme les fameux **subprimes**, prêts accordés par les banques, au-dessous des conditions normales, à des candidats à l'accession à la propriété, dont les capacités de remboursement sont douteuses.

d. cette définition correspond au **golden hello,** *prime de bienvenue/d'arrivée* accordée par une entreprise à un nouveau manager quand il prend ses fonctions.

   ➤ Symétrique du **golden handshake,** *prime de départ*. Dans ce sens, *prime* se dit *bonus*.

B 75   TRAITEMENT

A <u>limited</u> partner does not take part in the day-to-day running of the business.

Un commanditaire ne participe pas à la gestion quotidienne de l'entreprise.

♦ **b** **limited partner** : voir **B 3** et **B 16**.

   to take part in something : *participer à quelque chose.*

➤ Notez l'emploi de la préposition **in**.
De même, **to participate in** : *participer à.*

   day-to-day : *au jour le jour.*
Cf. **day-to-day money** (marchés financiers) : *argent au jour le jour.*

   running : **management** : *gestion, direction.*
– **To run** : **to manage** : *diriger, gérer.*
– **To run/to manage a concern** : *gérer/diriger une entreprise.*

a. **general partner** : voir **B 16**.

c. **copartner** : *co-associé, co-participant.* Le terme n'indique pas une situation juridique précise, mais implique une participation à la vie de l'entreprise.

d. **joint** : *conjoint; mixte, paritaire;*
– **joint and several** : *conjoint et solidaire;*
– **joint committee** : *commission paritaire;*
– **joint ownership** : *copropriété;*
– **joint-stock company** : *société par actions*
– **joint-venture** : *entreprise commune, opération conjointe, opération menée en commun.*

B 76   TRAITEMENT

The description of the property to be insured is set out in the <u>schedule</u>.

La description du bien (de la propriété) à assurer figure en annexe.

- ◆ **a schedule** (GB [ˈʃedjuːl /***chèdiou:l***,
                       US [ˈskedjuːl /***skèdiou:l***]) :

  1) *calendrier, échéancier, programme, planning* ; (train, etc.) *horaire* ;
  2) *annexe* (à un contrat) ; *tarif, barème.*

- ➤ **To schedule** : *programmer dans le temps, ordonnancer.*
  The meeting is scheduled for next week :
  La réunion est prévue pour la semaine prochaine.

- ➤ **To reschedule a debt** : *rééchelonner une dette.*

- ➤ **property** : voir **B 2**.

- ➤ **To set out** : 1) *commencer ; se mettre en route* ;
                  2) *arranger, présenter, disposer.*

b. shipment : *expédition, envoi, changement.*

To ship : *expédier, envoyer.*

- ➤ En anglais moderne **to ship** et **shipment** ne sont pas limités aux envois par mer (**to ship by rail, road, air** etc. ; **a shipment : a consignment**).

c. timetable : *horaire, emploi du temps* (négociations), *calendrier.*

d. overrun : *dépassement de devis, de budget, surcoût, dépassement de somme initialement budgétée.*

B 77 — TRAITEMENT

P2P means <u>peer-to-peer</u>.

P2P signifie de particulier à particulier.

♦ **d** **peer-to-peer,** *de particulier à particulier.*

Désigne, sur la Toile, les transactions de particulier à particulier, à distinguer de **B2B, business to business**, *d'entreprise(s) à entreprise(s), de professionnel à professionnel*

a. **price for two products,** *prix pour deux produits* :

   Il n'y a pas d'abréviations correspondantes.

   ➤ Attention : le verbe est **to produce** ; attention aussi au nom **produce**, qui est un collectif singulier :
   farm produce is... *les produits fermiers sont...*
   (voir **B 68**)

b. **price of two policies**, *prix de deux polices d'assurance.*

   Il n'existe pas d'abréviations correspondantes.

   ➤ Autre sens de **policy** (voir **B 62**) : *ligne d'action, ligne suivie, politique.*

c. **payment by two promissory notes,** *payment par deux billets à ordre*

   ➤ *billet à ordre* : promesse écrite faite par une personne de payer à une autre personne une somme d'argent convenue, soit à vue, soit à une date déterminée.

B 78 — TRAITEMENT

The price of <u>crude</u> oil has been going up steadily
Le prix du pétrole brut augmente régulièrement.

- ♦ **b** **crude oil** : *pétrole brut*.
  La crise du pétrole : **the oil crisis**.

- ➤ Attention à **petrol** (GB) : *essence*; (US) **gasoline**).

- ➤ **has been going up** : present perfect pour une action commencée dans le passé et qui dure encore. La forme en **–ing** insiste sur la durée. Traduction par un présent français.

  steadily : de **steady** : *stable, régulier*.

- **a. raw** : 1) *cru*; 2) *brut*.
  - ➤ **raw materials** : *matières premières*.

- **c. gross** : 1) *grossier*; 2) *brut*.
  - ➤ **gross profits** : *bénéfices bruts*.
  - ➤ **Gross National Product (GPN)** : *produit national brut, PNB*.

- **d. coarse** : *grossier, commun, vulgaire*.

B 79 — TRAITEMENT

The market is shrinking and we'll have to <u>phase out</u> production.

Le marché rétrécit et nous allons devoir arrêter progressivement la production.

- ♦ **d** **to phase out** : *mettre progressivement un terme à, interrompre graduellement, supprimer peu à peu.*

- ➤ **to phase out a product** : *interrompre progressivement la production d'un article, programmer le retrait d'un produit.*

- ➤ **to shrink, shrank, shrunk** : *(se) contracter, (se) resserrer, (se) rétrécir.*

- ➤ **to discontinue** : *interrompre temporairement (ou définitivement).*

- ➤ **to scrap, to stop** : *abandonner complètement* (la production d'un article etc.)

a. **to trigger** ou **to trigger off** : *déclencher.*

b. **to bottom out** : *toucher le fond, être au plus bas* (et par extension *amorcer une reprise, une remontée*).

c. **to scatter** : *éparpiller, disperser.*

B 80 — TRAITEMENT

They have acquired a 20% <u>stake</u> in the company.
Ils ont acquis une participation de 20% dans la société.

◆ **a stake** : *enjeu, mise.* **At stake** : *en jeu*
   To have a stake in : *avoir des intérêts dans, détenir une partie du capital de.*

➤ Expressions signifiant *avoir/détenir une/des participation(s) dans* (une société) :
   to have an interest in,
   to have shares in,
   to own capital in,
   to have/own equity in,
   to have a stake in.

   Stakeholder : *partie prenante*

b. **scale** : *échelle.*
   ➤ **to scale down** : *réduire l'échelle de, l'importance de.*

c. **bid** : *offre (d'achat), enchère ; tentative (de prendre le contrôle de) ; (US) soumission (dans une adjudication).*
   ➤ **take-over bid** : *offre publique d'achat, OPA.*
   ➤ **To bid** : *faire une offre, enchérir ; tenter d'obtenir, (US) soumissionner, (GB.* **to tender***).*

d. **boost** : *poussée, augmentation.*
   ➤ **to boost** : *pousser, développer, relancer, gonfler.*
   to boost sales : *pousser, faire monter les ventes.*

B 81 — TRAITEMENT

An IOU is <u>the acknowledgement of a debt</u>.
Un IOU est une reconnaissance de dette.

♦ **a** **IOU** : formé phonétiquement sur **I owe you** : *je vous dois*.

La forme juridique de l'**IOU** est la **promissory note** : *billet à ordre, promesse de payer de la part du débiteur*.

➤ **acknowledgement, acknowledgment of a debt** :
Attention : prononcer le « c » de **acknowledgement**, ne pas prononcer le « b » de **debt**.

b. **round-trip ticket** : *billet aller et retour* (GB **return ticket**).
Aller = **single (ticket)**.

c. **luncheon-voucher** : *ticket-déjeuner, ticket restaurant, chèque restaurant* (valable le midi).

➤ **voucher** : 1) *pièce justificative, document faisant foi, récépissé ; quittance ;*
2) *bon d'achat, coupon de reduction*.

➤ **to vouch (for something, for someone)** : *se porter garant de, répondre de*.

d. **statement of account** : *relevé de compte, relevé bancaire*.

B 82 — TRAITEMENT

It's a medium-sized firm initially set up by one of our former <u>executives</u>.

C'est une entreprise de taille moyenne créée à l'origine par un de nos anciens cadres.

- ♦ **d executive** : *cadre* ;
  - **top executive** : *cadre supérieur* ;
  - **senior executive** : *cadre supérieur* ;
  - **junior executive** : *jeune cadre, cadre moyen*.

- ➤ (US) **(the) Chief Executive** : *le président, le directeur* (peut désigner le président des États-Unis, ou le principal responsable d'une entreprise ou d'une organisation). On trouve aussi dans ce sens **CEO, Chief Executive Officer**.

- ➤ Autres sens d'**executive** : 1) *l'exécutif, le pouvoir exécutif* ; 2) *les instances dirigeantes, l'organe de direction, le bureau d'un organisme*.

- ➤ **Medium-sized** ou **medium-size** ; **small and medium-sized firms** : *petites et moyennes entreprises*.
  – **to set up** : *créer, fonder* (une entreprise, une organisation).
  De nombreux verbes peuvent être utilisés pour traduire *créer une entreprise* :
  to set up, to form, to create, to found (*fonder*)**, to launch, to float** (*lancer*)**, to incorporate**.

- ➤ *création d'entreprise* : **business formation, business start-up**.

- ➤ *Remarque* : **one of our, one of the** (*un de nos, un des*), est toujours suivi d'un pluriel.

B 82 SUITE — TRAITEMENT

a. **workshop** : *atelier*.

b. **commercials** : *émissions publicitaires* à la radio ou à la télévision.

   « Pub » télévisée.

c. **enclosure(s)** : *pièce(s) jointes*. Souvent abrégé en **Encl.** à la fin d'une lettre.

   Verbe **to enclose** : *joindre* (un document). Cf. **B 44**.

B 83   TRAITEMENT

The trade gap between the two countries keeps widening.
Le déséquilibre commercial entre les deux pays ne cesse d'augmenter.

♦ **b** **gap** : *fossé, écart, retard, déficit.*

– **to fill a gap, to stop a gap** : *boucher un vide.*
– **stop-gap measure(s)** : *mesure(s) provisoire(s), palliatif(s), expédient(s).*
– **to bridge a gap** : *combler un fossé.*
– **to close a gap** : *combler/rattraper un retard.*

➤ **trade gap** : **trade deficit** : *déficit commercial, déséquilibre commercial, déficit de la balance commerciale.*

➤ **to widen** : *(s')élargir*. Formé sur **wide** : *large* (formation classique de verbes à partir d'adjectifs. Cf. **to soften**, *adoucir*, **to quicken**, *accélérer*, etc.).

➤ Notez l'emploi de **to keep** au sens de *continuer à, ne cesser de*.
– On y ajoute la postposition **on**, pour indiquer un effort volontaire :
keep on trying! *essaie encore !*
– On emploie **to keep** + **-ing** (sans « on ») pour indiquer un phénomène mécanique ou que l'on ne peut contrôler :
consumption keeps increasing : *la consommation ne cesse d'augmenter.*

B 83 SUITE — TRAITEMENT

a. **to gape** : *être béant*.
   ➤ **a gaping deficit** : *un énorme deficit*

c. **glut** : *saturation, engorgement, surabondance*.
   ➤ **To glut**, *saturer, engorger* (un marché, etc.).

d. **gate** : 1) *porte, portail ; entrée* (d'un stade, etc.).
   factory gates : *portes de l'usine, entrée de l'usine ;*
   2) *nombre de personnes assistant à un match, un festival*, etc. : **gate receipts** : *nombre d'entrées, somme correspondant aux entrées.*

   ➤ **gateway** : *porte, entrée, point d'accès*. Se dit d'une ville ou d'une région pour souligner qu'elle permet l'accès à un pays, une zone, un marché.

B 84 — TRAITEMENT

We invite <u>tenders</u> from potential suppliers and award the contract to the lowest bidder.

Nous invitons les fournisseurs potentiels à soumissionner et nous adjugeons le contrat au mieux disant (à l'offre la moins chère).

- ♦ **c tender** : *soumission.*

- **to tender** : *soumissionner.*

- **to award** : *accorder, octroyer, adjuger, attribuer, conférer* (un titre), *décerner* (un prix).
  - **to award a degree, a diploma** : *conférer un diplôme.*
  - **to award a prize** : *attribuer un prix.*

- **an award** : 1) *une récompense, un prix* ;
  2) *une décision arbitrale, un jugement* (faisant suite à un arbitrage).

- **bidder** : *offrant, enchérisseur.* Voir **B 80, c.**

a. **merger** : *fusion.*
  - **To merge** : *fusionner.*

b. **take-over** : *rachat, prise de contrôle.*
  - **to take over** : *prendre le contrôle de ; succéder à.*

  take-over bid : *offre publique d'achat* (tentative de prise de contrôle d'une société en rachetant ses actions selon des procédures contrôlés par les autorités boursières).

B 84 SUITE — TRAITEMENT

d. lay-off : *licenciement économique, pour compression de personnel.*

➤ Verbe : **to lay off** : *licencier* (pour compression de personnel).

➤ Différents verbes signifiant *licencier* :
  – **to dismiss** : *licencier, congédier, mettre à la porte* (nom = **dismissal**).
  – **to fire** (familier) : *mettre à la porte, virer.*
  – **to sack** (GB, familier) : *mettre à la porte, virer.*
  – **To give the sack** : *idem.*

➤ **To make workers redundant** (GB) : *licencier pour raisons économiques.*

B 85   TRAITEMENT

The company's net assets are estimated at approximately USD 20 million.

L'actif net de la société est estimé à environ 20 millions de dollars US.

♦ **a are estimated at...**

Les verbes d'estimation, d'évaluation, se construisent avec un complément introduit par **at** :

it is valued, estimated, evaluated, assessed at so many dollars : *c'est évalué à tant de dollars.*

➤ **approximately** : *approximativement.*
Adj. : **approximate** : *approximatif.*

★ Attention à ces adjectifs ou adverbes qui ressemblent au français mais n'ont pas le même nombre de syllabes :
– **theoretical, theoretically** : *théorique, théoriquement* ;
– **paradoxical, paradoxically** : *paradoxal, paradoxalement.*

➤ **12 million dollars** : notez l'absence de **s** à **million**, considéré ici comme adjectif. Voir **B48**.

➤ **asset(s)** : *actif(s)*. **Asset**, comme le français *actif*, a bien un singulier et un pluriel. Mais leur emploi est un peu différent.
– **An asset** : *un actif déterminé d'une société*. Pour l'*actif d'un bilan*, on emploie le pluriel **assets** : **assets and liabilities** : *actif et passif.*

B 85 SUITE — TRAITEMENT

- **Asset** signifie aussi *atout, avantage, point fort* (de même que **liability** signifie souvent *faiblesse, défaut, point faible*).
- **Current assets/circulating assets** : *actif disponible/ actif circulant*.
- **Fixed assets** : *actif immobilisé, immobilisations* se dit aussi **tied up capital** : *capital immobilisé*.
- **Intangible assets, intangibles** : *immobilisations incorporelles* (brevets, licences, etc.).

b. **to** ne serait possible que dans une construction comme **are estimated to represent**, *sont estimés représenter*.

c. **in** ne serait possible que dans une construction comme **are estimated in general...**, *sont estimé(s) en général...*

d. **for** ne serait possible que dans une construction du genre **are estimated for example...**, *sont estimés par exemple...*

B 86 — TRAITEMENT

The hotel can <u>accommodate</u> 200 guests.
L'hôtel peut recevoir 200 clients.

- ♦ **c** **to accommodate** (attention à l'orthographe : 2 **c**, 2 **m**) : *héberger, accueillir, recevoir, loger ;* (port, garage, etc.) *contenir, recevoir.*

- ➤ **accommodation** : *hébergement, accueil, logement.*

    guest : *invité, client* (d'un hôtel), *pensionnaire*

a. **retail** : *commerce de détail.*
    - ➤ **to retail** : *vendre au détail, détailler.*
        Détaillant : **retailer** ; *grossiste* : **wholesaler.**

b. **lodge** : *loge ; pavillon, chalet.*
    - ➤ **to lodge** : 1) *loger, héberger ;*
        2) **to lodge a complaint** : *faire une réclamation ; porter plainte.*

d. **to inhabit** : *habiter.* **Inhabitant** : *habitant.*

B 87   TRAITEMENT

It would be convenient if delivery could be <u>brought forward</u> a week.

Il serait commode que la livraison puisse être avancée d'une semaine.

♦ **b** **to bring forward** :
  1) *présenter, avancer, amener, produire* (une preuve) ;
  2) *avancer* (une date, une réunion).
  3) *reporter* (une somme dans un compte).

  Retarder, remettre à plus tard : **to postpone, to defer, to put off, to delay.**

a. **earlier** : *plus tôt*.

c. **stepped up**, de **to step up** : *augmenter* (le rythme, la vitesse de).

d. **forwarded**, de **to forward** : *expédier, faire suivre*
  ➤ **Forwarding agent** : *transitaire*.
  ➤ **Please forward** (sur une lettre) : *Prière de faire suivre*.

B 88 — TRAITEMENT

This item is not on today's <u>agenda</u>; I suggest we discuss it at our next meeting.

Ce point n'est pas à l'ordre du jour ; je suggère que nous le discutions lors de notre prochaine réunion.

- ♦ **d** **agenda** : *ordre du jour, programme* (politique, etc.).
- ➤ **item** :
    1) *article* (notamment dans une liste) ;
    2) *point, question, élément* ;
    3) (comptabilité) *poste, écriture*.

a. **diary** : 1) *agenda* 2) *journal* (intime, privé). **Bill diary** : *échéancier, carnet d'échéances*.

   ➤ Attention au français *agenda*, qui se traduit par **diary** (carnet prédaté) ou par **schedule** : **to have a busy schedule**, *avoir un agenda chargé*.

b. **floor** :
   1) *parquet, plancher* ;
   2) *étage*, **first floor** : (GB) *premier étage*, (US) *rez-de-chaussée* ;
   3) *enceinte de la Bourse*.

   ➤ **To take the floor** : *prendre la parole* (devant une assemblée, dans une réunion officielle).

   ➤ **The shopfloor** : *la base* (au sens syndical), *les ouvriers de la base*.

c. **scheme** :

   1) *projet, plan, combinaison* ; 2) *système*.
   Pension scheme : *système de retraite*.
   Scheme of arrangements, scheme of composition : *concordat* (dans le cas d'une faillite, accord avec les créanciers sur un remboursement partiel).

   ➤ **to scheme** : *faire des plans, des projets ; intriguer*.

B 89 — TRAITEMENT

We are looking forward <u>to hearing</u> from you soon.

Nous espérons avoir prochainement de vos nouvelles

- ♦ **C to hearing** : Notez, dans cette formule traditionnellement utilisée à la fin d'une lettre, l'emploi de la forme en **–ing** (**hearing**) après la préposition **to.**

- ➤ De même :
  - **to be used to doing something** : *avoir l'habitude de faire quelque chose*
  - **to object to doing something** : *objecter à faire quelque chose.*

- ➤ Lorsqu'une préposition est suivie d'un verbe, celui-ci est toujours à la forme en **–ing** :
  - **before coming** : *avant de venir,*
  - **in buying** : *en achetant,* etc.

- ➤ On peut vérifier que **to** est bien une préposition et non pas la forme de l'infinitif en le faisant suivre d'un nom ou d'un pronom : **I'm looking forward to my holidays** : *Je me réjouis à la perspective de mes vacances.*

- ➤ **hearing from you** = **to hear from someone** : *avoir des nouvelles de quelqu'un* de façon directe
- • à distinguer de **to hear of somebody** : *entendre parler de quelqu'un.*

B 90   TRAITEMENT

The <u>findings</u> of the survey are disappointing.

Les résultats du sondage sont décevants.

- **a** **finding(s)** : *résultat(s) d'une étude, d'une recherche, d'un sondage.*

  Le singulier est possible, mais on trouve le plus souvent le pluriel **findings**.

  Result(s) signifie lui aussi, bien entendu, *résultat(s)*, mais souvent au sens de *conséquences*.

- **survey** : 1) *recherche, étude, enquête, vue générale d'une situation* ; 2) *expertise* ; 3) *relevé topographique*.
  - **survey** est souvent employé comme synonyme de **poll (opinion-poll)** : *sondage*. La seule différence est que **survey** n'implique pas que l'on interroge individuellement les sondés.
  - **to disappoint** : *décevoir*.

- Attention à **to deceive** : *tromper*.
  - **deception** : *tromperie, fraude*.
  - **deceptive** : *trompeur, mensonger*.
  - **deceptive/misleading advertising** : *publicité mensongère*.

b. issue : *problème* (sur lequel les gens s'affrontent), *question débattue*.

- Le français *issue* correspond à l'anglais **outcome** (*issue finale, résultat*) ou, au sens de *sortie*, à **exit**.
  - **to issue** : *émettre, publier, mettre en circulation, sortir*.

c. give-away : *cadeau publicitaire, cadeau promotionnel*.

d. outlet : *débouché*, souvent utilisé dans **retail outlet** : *magasin de détail*.

B 91 — TRAITEMENT

The costs will have to be <u>borne</u> by the client.
Les coûts (les frais) devront être supportés par le client.

- **b** **to be borne** : *être supporté.*

➤ **to bear,** au sens de *porter, supporter,* donne **bore** au prétérit et **borne** avec un « e » au participe passé.

➤ Ce n'est que dans l'expression **to be born** : *être né* (qui a pourtant la même origine, *être porté au monde*) que le participe passé s'écrit **born**.

a. **born** ne s'écrit ainsi que dans **to be born** : *être né*
   I was born : *je suis né…*

c. **supported** de *to support* : *soutenir.*

d. **worn** : participe passé de **to wear, wore, worn** :
   1) *porter* (un vêtement);
   2) *user, s'user.*

B 92   TRAITEMENT

CIF stands for <u>Cost, Insurance, Freight</u>.
CAF signifie Coût, Assurance, Fret.

◆ **b** CIF est un de ces « incoterms » auxquels on se réfère en commerce national et international.

CIF signifie que le prix annoncé (**to quote a price** : *annoncer, mentionner un prix*; **a quotation, a quote** : *une cotation, un prix annoncé*) couvre le prix des marchandises, plus les frais d'assurance et de transport jusqu'au port de destination.

➤ Parmi les « incoterms » les plus fréquents citons :
  – **ex-works, x-works, ex-factory** : (*prix*) *sortie d'usine, à l'usine.*
  – **FOR, free on rail** : *franco wagon* (inclut le prix des marchandises, plus transport jusqu'à gare et chargement sur wagon).
  – **FOB, free on board** : *franco à bord* (inclut le prix du chargement à bord d'un navire ou d'un avion : **FOB Airport**).

Les autres solutions proposées en **a, c** et **d** sont fantaisistes et signifieraient :

a. computerized information framework :
cadre (= *système*) *de renseignements informatisé.*

cadre au sens abstrait : **framework.**

Dans le cadre de la réglementation en vigueur :
Within the framework of regulations in force.

B 92 SUITE — TRAITEMENT

- ➤ Mais *cadre* au sens concret (d'un tableau, etc.) : **frame** (Cf. la différence entre **net** : *filet*, et **network** : *réseau*).

- ☞ Attention à **information**, collectif singulier (jamais de « s »), suivi d'un verbe au singulier : *les renseignements sont disponibles* : **information is available**; voir **B 59**.

c. **cash issued to foreigners** : *liquidités remises aux étrangers*.
   - **to issue** : *émettre, mettre en circulation, lancer, publier*.
   - **to issue/to release a statement** : *faire une déclaration (à la presse), publier un communiqué*.
   - **to issue an article** : *mettre un article sur le marché, sortir un article*.

d. **cost of initial funding** : *coût du financement initial*.
   - ➤ **to fund** : **to finance** : *financer*.
     - **fund** : *caisse, fonds*.
     - **to raise funds** : *se procurer des fonds*.
     - **fund raising** : *collecte de fonds*.
     - **International Monetary Fund (IMF)** : *Fonds monétaire international (FMI)*.
     - **pension fund** : *caisse de retraite;*
     - **mutual fund** : *fonds commun de placement, SICAV (Société d'Investissement à Capital Variable)* (GB **Unit Trust**).

B 93 — TRAITEMENT

The General Meeting will be <u>held</u> on March 12th.
L'assemblée générale se tiendra le 12 mars.

- ♦ **a** **to hold a meeting** : *tenir une réunion.*
- ➤ **to call a meeting; to convene a meeting** : *convoquer une réunion.*
- ➤ **The meeting is scheduled for next week** : *La réunion est prévue pour la semaine prochaine.*

b. **hold** est impossible ici : c'est la forme du présent de **to hold, held, held**.

c. **retired** : de **to retire** : *prendre sa retraite* ; signifie aussi *mettre à la retraite*.

- ➤ **Retirement** : *retraite* ; **retiree** : *retraité.*

d. **located** : de **to locate** : *situer, implanter, s'implanter* (géographiquement).

- ➤ **Location** : *lieu, endroit, site, implantation* (géographique).
    - *S'implanter à l'étranger* : **to set up operations abroad, to set up foreign ventures;**
    - *implantations à l'étranger* : **foreign ventures, operations abroad.**

B 94 — TRAITEMENT

Since she disagreed with all her colleagues, she decided to <u>resign</u>.

Puisqu'elle était en désaccord avec tous ses collègues, elle décida de démissionner.

♦ **d** **to resign from a job/a position** : *démissionner d'un emploi, d'un poste.*

resignation : *démission.*

➤ **To tender one's resignation, to hand in one's resignation** : *remettre sa démission, présenter sa démission.*

a. **to stagger** :
   1) *chanceler, tituber, faire chanceler, faire tituber ;*
   2) *décaler, échelonner.*

   – **to stagger payment** : *échelonner le règlement ;*
   – **staggered holidays** : *vacances étalées.*

   ➤ **a staggering sum** : *une somme énorme;* **staggering news** : *des nouvelles stupéfiantes* (à vous faire chanceler).

b. **to dismiss** : *licencier.* Voir **B 84**.

c. **to curb** : *juguler.*

   To curb inflation : *juguler l'inflation.*

   ➤ Cf. **to check inflation** : *faire échec à l'inflation,*
   to stem inflation : *endiguer l'inflation.*

   ➤ Notez **to check** : 1) *contrôler, vérifier ;* 2) *contrôler, mettre en échec, enrayer.*

   ➤ Notez aussi qu'il y a deux verbes **to stem** :
   1) *contenir, arrêter, endiguer ;*
   2) **to stem from** : *provenir de.*

B 95 — TRAITEMENT

This will guarantee a 20% <u>return</u> on our investment.
Ceci nous assurera un retour sur investissement de 20%.

- ◆ **d** **return** :
  1) *retour* ;
  2) *revenu, rendement, produit* (des ventes) ;
  3) *compte rendu, relevé, état, rapport* ; **tax return** : *déclaration d'impôts* ;
  4) *ristourne*.
- ➤ **guarantee** : *garantie*. Attention à la prononciation : le « **u** » n'est pas prononcé [gærən'tiː / *garenti:*].
- ➤ **investment** : *investissement, placement*.

a. **release** (attention à la prononciation : son **s** et non **z**) : *émission, mise en circulation, libération* (d'un prisonnier).

   ➤ **Press release** : *communiqué à la presse.*
   to release : *émettre, mettre en circulation, en vente, libérer* (un prisonnier).

b. **report** : *rapport, compte rendu*.

   ➤ **To report** : 1) *faire un rapport, signaler* ; 2) *rendre compte à quelqu'un, être responsable vis-à-vis de quelqu'un*.

   In this capacity, you will report directly to the General Manager : *En cette qualité, vous dépendrez directement du Directeur général.*

c. **record** ['rekɔːrd / *rèkord*] : 1) *record* ; 2) *enregistrement, archive, registre, disque* ; 3) *antécédents, états de service, carrière*.

   ➤ **Good record** : *bons états de service* ; **police record** : *casier judiciaire*.
   – **to record** [rɪ'kɔːrd / *riko:rd*] : *enregistrer*.
   – **record** ['rekɔːrd / *rèkord*], adjectif : *record* ; **record sales** : *ventes records*.

B 96 — TRAITEMENT

The withdrawal will appear in your next <u>statement</u> of account.
Le retrait figurera sur votre prochain relevé de compte.

♦ **c** statement :

➤ **withdrawal** : *retrait.*
to withdraw : *retirer ; se retirer.*
to withdraw a sum from a bank account/a banking account : *retirer une somme d'un compte en banque.*

a. **form** : 1) *forme ;* 2) *formulaire.*
   ➤ **to fill in, to fill out a form** : *remplir un formulaire.*
   application form :
   1) *dossier de candidature ;*
   2) *bulletin de demande, de souscription.*

b. **slip** : 1) *bordereau, fiche, feuille ;*
             2) *erreur, étourderie, lapsus.*

d. **countertrade** : *accord de compensation.*

Forme moderne du *troc* (**barter**) en commerce international.
C'est un règlement *en nature* (**in kind**), un échange de marchandises ou de produits. Par exemple du soja contre du pétrole, des matières premières contre des machines, etc.

B 97 — TRAITEMENT

They decided to <u>float</u> a loan.
Ils ont décidé de lancer un emprunt.

- ◆ **d** **to float** : *lancer*. Voir **B 15**.
- ➤ **loan** : *emprunt ou prêt*. Voir **B 52**.

a. to fold : 1) *plier, se plier* ;
   2) (fam.) *faire faillite, « fermer boutique »*. Voir **B 15**.

b. to file : 1) *classer, ranger un document* ;
   2) *faire enregistrer un document*.

   ➤ *S'emploie dans les cas où il faut déposer un dossier.*

   – **to file a claim** : *déposer une réclamation* ;
   – **to file a (law)suit** : *engager des poursuites ; intenter un procès* ;
   – **to file an application** : *déposer une demande* ;
   – **to file a petition in bankruptcy, to file for bankruptcy** : *déposer son bilan*.

   ➤ **a file** : *un dossier, un fichier, un classeur*.

c. to fill : *remplir ; occuper* (un poste) ;
   to fill an order : *exécuter une commande*.

B 98 — TRAITEMENT

The Government is going to <u>fund</u> part of the project.
Le gouvernement va financer une partie du projet.

- ♦ **c to fund** : *financer* (**to finance**). Voir **B 92**.

- ➤ **part of** : Notez l'absence d'article, normal quand une partie signifie une *certaine quantité de* et non pas telle ou telle partie spécifique.

- ➤ **project** : *projet, programme*. N'a pas toujours en anglais un sens futur. Exemple :
  to live in a housing project :
  habiter dans un ensemble immobilier.

a. **to found** : *fonder, créer* (verbe régulier, **founded, founded**).

b. **fond, to be fond of** : *aimer, être friand de, être amateur de.*

d. **to fail** : 1) *faillir, ne pas se produire* ;
   2) *échouer* ;
   3) *faire faillite.*

   ➤ **failure** : *échec.*

B 99 — TRAITEMENT

The findings of the opinion <u>poll</u> are rather surprising.
Les résultats du sondage sont plutôt surprenants.

- ♦ **d** **Opinion poll** : *sondage*.
- ▶ **Poll** signifie à l'origine *tête*, et s'emploie donc lorsqu'on demande son avis à un individu.
- ▶ soit par un vote :
  - **poll** : *scrutin, vote, élection* ;
  - **to poll** : *faire voter* ;
  - **to poll votes** : *obtenir des voix* ;
  - **polling day** : *le jour des élections* ;
  - **polling station** : *bureau de vote* ; **polling booth** : *isoloir* ;
- ▶ soit par sondage :
  poll = **opinion poll** : *sondage d'opinion;*
  those polled : *les sondés* ; **pollster** : *spécialiste des sondages.*

  ☞ Attention à la prononciation [pəʊl] /*peoul*].

  finding(s) : *résultat(s)* (d'une enquête, d'un sondage). Voir **B 90**.

---

a. **pull** : *traction, attraction*. **To pull** : *tirer*.

b. **pole** : 1) *pôle* ; 2) *poteau*.

c. **pool** : 1) *bassin, mare* ; *piscine* ; 2) *fonds commun, syndicat de placement* ; 3) *mise commune*, (vieilli) *cagnotte, poule*.
  - **car pool** : *parc de voitures utilisées en commun* (par une entreprise, un ministère ou des particuliers) ;
  - **typing pool** : *« pool » de dactylos* (regroupées pour travailler pour plusieurs services) ;
  - **to pool** : *mettre en commun* (ressources, etc.).

B 100 — TRAITEMENT

They are short of cash and cannot meet their <u>liabilities</u>.
Ils sont à court de liquidités et ne peuvent pas faire face à leurs dettes.

- ♦ **b liabilities** : *dettes ; passif ; faiblesses*. Voir **B 85**.
  to meet one's liabilities : *faire face à ses dettes, ses obligations financières*.
- ➤ **to meet** a souvent le sens de *faire face à, honorer*.
  – **to meet one's commitments** : *faire face à, honorer ses engagements* ;
  – **to meet a deadline** : *honorer/respecter une échéance* (une date limite).
  ☛ Mais attention : au sens de *rencontrer des difficultés*, construire avec **with** : **to meet with difficulties**.

  to be short of : *manquer de, être à court de* ;
  shortage : *pénurie*.

a. **output** : *rendement* (industriel) ; *production, quantité produite ; débit*.

  ➤ **Production** et **output** peuvent être synonymes mais **production** signifie souvent le fait de produire et **output**, plus concret, la quantité produite, la production chiffrée, le volume de production.

c. **yield** : *rendement* (agricole ou financier, le rendement industriel étant **output**).

  fixed-yield securities : *valeurs à rendement fixe* (par exemple les obligations).

  ➤ **to yield** : 1) *céder* ; 2) *rapporter, produire* :

  to yield (to carry, to bear) an interest : *rapporter (produire) un intérêt*.

d. **proceeds** : *produit, montant ; rentrées, recettes, gains, bénéfices* (mot pluriel en anglais).

C — CONTRÔLE

Traduisez les phrases ci-après, en vous reportant au besoin aux numéros correspondants de la partie **B**. Le corrigé figure en pages 155 à 158.

1. Nous avons toujours honoré les délais de livraison.
2. C'est une association à but non lucratif.
3. Ils ont vendu une partie de leurs biens immobiliers.
4. On nous a demandé de verser des arrhes.
5. Je suis sûr que c'est un chèque sans provision.
6. Les cours ont atteint le niveau le plus bas jamais enregistré.
7. Personne ne s'attendait à cette augmentation spectaculaire des primes d'assurance.
8. La traite est venue à échéance la semaine dernière.
9. Les actions et les obligations sont des valeurs.
10. Nous cesserons de leur passer commande si les articles ne sont pas conformes à l'échantillon.
11. Avez-vous visité nos salles d'exposition ?
12. Pouvez-vous me passer le poste 127 ?
13. Nous vous accorderons une réduction de 10 % pour règlement au comptant.
14. C'est la première commande que nous leur passons.
15. On s'attend à ce qu'ils déposent leur bilan.
16. La responsabilité des actionnaires est limitée à la valeur de leurs actions.
17. Sa banque a refusé de renouveler son découvert.
18. Faites-nous savoir si la date et l'heure vous conviennent.
19. Il faudra qu'elle rembourse ses créanciers.
20. Pourquoi ne pas créer une société en commandite ?
21. Son salaire est si bas qu'il cherche un nouvel emploi.
22. Je viens de payer la troisième mensualité.
23. C'est une société par actions.
24. Les options d'achat et de vente se négocient dans les bourses de marchandises.
25. Les marchandises ont été dédouanées la semaine dernière.
26. Il est accusé de délit d'initié.
27. Il nous faudra abaisser notre point mort.
28. Les comptes ont été vérifiés par notre expert-comptable.

C — CONTRÔLE

29. Nous commençons à être à court de pièces de rechange.
30. Une grande variété d'articles est présentée dans nos salles d'exposition.
31. J'ai besoin d'un double du connaissement.
32. Les haussiers et les baissiers opèrent sur le marché à terme.
33. Ces pertes proviennent en partie du vol à l'étalage.
34. Quel est le nom du destinataire ?
35. Les obligations sont des valeurs à rendement fixe.
36. Tous les chiffres sont corrigés des variations saisonnières.
37. Il y a eu une forte hausse du prix des appareils électriques.
38. Quelle est la méthode utilisée pour l'évaluation des stocks ?
39. Pour éviter cette prise de contrôle, on envisage un rachat de l'entreprise par ses salariés.
40. Les cours varient selon la loi de l'offre et de la demande.
41. Ils nous demandent de régler la commande.
42. L'indice a atteint un niveau record.
43. Nos frais généraux augmentent à nouveau.
44. Veuillez trouvez ci-joint notre dernier catalogue.
45. Pouvez-vous passer notre annonce dans le numéro de jeudi ?
46. La consommation a augmenté de 2 % au cours du dernier trimestre.
47. S'agit-il de la traditionnelle fièvre d'achat de Noël ou d'une véritable reprise ?
48. Six cents ouvriers sont menacés de licenciement.
49. Le nombre des accidents du travail continue à diminuer.
50. Ils sont poursuivis pour rupture de contrat.
51. Faites le numéro ..., c'est un numéro vert.
52. Les candidats devront avoir de 30 à 35 ans.
53. Nous avons obtenu un prêt bancaire.
54. Il est de plus en plus difficile de se conformer aux règlements.
55. Combien vous faut-il d'exemplaires de la facture ?
56. Le titre de propriété est détenu par la banque.
57. Faites-nous connaître vos conditions de paiement et de livraison.
58. Selon les responsables syndicaux, la grève sera déclenchée si l'augmentation de salaire n'est pas accordée.

C — CONTRÔLE

59. Vous trouverez de plus amples renseignements dans le document ci-joint.
60. Nous ne pouvons pas vous rembourser, mais l'article peut être échangé.
61. Ces actifs seront amortis sur cinq ans.
62. J'ai pris une assurance vol et incendie.
63. Les petites entreprises ont été les plus durement atteintes.
64. Achetez à crédit et vendez au comptant.
65. Nous avons bien enregistré votre commande.
66. Elle est responsable de la gestion interne.
67. Les résultats de notre filiale sont décevants.
68. Nous cherchons de nouveaux débouchés.
69. De tels accords portent atteinte à la liberté du commerce.
70. Ils seront dédommagés de leurs pertes.
71. Peu de contribuables bénéficieront de la nouvelle déduction.
72. La consommation intérieure a baissé de 5%.
73. Nos prévisions ont été revues à la hausse.
74. La somme sera virée à votre compte.
75. Il ne participe pas à la gestion de l'entreprise.
76. La dette sera rééchelonnée.
77. Nos fichiers ont été informatisés.
78. Le prix du pétrole brut a augmenté de 6% l'année dernière.
79. La production va être arrêtée progressivement.
80. Ils ont maintenant une participation de 25% dans notre société.
81. Un tiers de nos cadres est diplômé d'université.
82. Je ne suis pas sûr que cette reconnaissance de dette ait une quelconque valeur juridique.
83. Notre parking peut contenir deux cents voitures.
84. Le gouvernement s'inquiète du déficit commercial.
85. On nous a invités à soumissionner.
86. Les bénéfices sont estimés à plusieurs millions de dollars.
87. Il faudra avancer la livraison.
88. Cette question n'est pas à l'ordre du jour.
89. J'espère avoir prochainement de vos nouvelles.
90. Les résultats de l'enquête n'ont pas encore été rendus publics.
91. Faites-nous connaître vos meilleures conditions CAF.

C	CONTRÔLE – CORRIGÉ

92. Nous avons supporté la plus grande partie des frais.
93. La réunion se tiendra le 8 mars.
94. Il a démissionné il y a trois semaines.
95. Cela signifie un retour sur investissement de 20%.
96. Je n'ai pas encore reçu mon relevé de compte.
97. Nous avons demandé un emprunt.
98. Le programme est financé par le gouvernement.
99. Le sondage montre que notre image s'améliore.
100. Ils ne peuvent pas faire face à leurs obligations (régler leurs dettes).

CORRIGÉ

1. We have always met delivery deadlines.
2. It is a non-profit organization.
3. They have sold part of their real property.
4. We have been asked/required to leave/make a deposit.
5. I am sure it's bad cheque (dud check).
6. Quotations have hit an all-time low (a record low).
7. Nobody (No one) expected this dramatic rise/increase in insurance premiums.
8. The bill/draft fell due/came to maturity last week.
9. Shares and bonds are securities.
10. We'll stop ordering from them if their articles are not true to sample(s).
11. Have you visited our showrooms/exhibition rooms?
12. Can you please put me through to extension 127?
13. We'll grant you 10% discount for cash payment.
14. This is the first order we place with them. (This is the first time we are ordering from them).
15. They are expected to file a petition in bankruptcy (to file for bankruptcy).
16. The shareholders' (U.S.stockholders') liability is limited to the value of their shares.
17. His bank has refused to renew his overdraft.

C	CORRIGÉ

18. Please let us know whether the date and time are convenient (for you)/suit you.
19. She will have to pay back/pay off her creditors.
20. Why not set up a limited partnership?
21. His wages are/His pay is so low that he is looking for a new job.
22. I have just paid the third (monthly) instalment.
23. It is a joint-stock company.
24. Calls and puts are traded on commodity exchanges.
25. The goods were cleared through (the) customs last week.
26. He is charged with insider trading.
27. We'll have to lower our break-even point.
28. The accounts have been checked/audited by our chartered accountant.
29. We are running out of/running short of spare parts/spares/replacement parts/replacements.
30. A wide range of articles is on display/on show in our showrooms/exhibition rooms.
31. I need a duplicate/a copy of the bill of lading/B/L.
32. Bulls and bears operate on the futures markets.
33. These losses partly stem from/come from shoplifting.
34. What is the consignee's name?
35. Bonds are fixed-yield/fixed-income securities.
36. All the figures are/have been seasonally adjusted.
37. There has been a sharp rise/increase in the price of electrical appliances.
38. What is the method used for the valuation of inventories/for inventory valuation?
39. In order to avoid this take-over, an L.B.O./L.M.B.O. is being considered/envisaged.
40. Quotation vary according to the law of supply and demand.
41. We are required to pay C.W.O./to pay when ordering/to settle when ordering.
42. The index has reached a record high.
43. Our overheads are up again.

| C | CORRIGÉ |

44. Please find enclosed/We enclose/We are enclosing our latest catalogue.
45. Can you run our ad in Thursday's issue?
46. Consumption went up/rose/increased (by) 2% in the last quarter.
47. Is it the traditional Christmas/Xmas buying spree or a genuine recovery?
48. Six hundred workers are threatened with redundancy/may be laid off.
49. The number of industrial injuries keeps decreasing.
50. They are being sued for breach of contract.
51. Dial ..., it's a toll-free number.
52. Applicants will have to be in their early thirties/from 30 to 35 years of age/aged 30 to 35/in the 30 to 35 age-bracket.
53. We have been granted a bank loan.
54. It is more and more difficult to comply with regulations.
55. How many copies of the invoice/bill do you need?
56. The deed of property is held by the bank.
57. Let us have your terms of payment and delivery/payment and delivery terms.
58. According to union leaders/officials, the strike will be called if the pay-rise is not granted.
59. You will find more detailed information/further particulars in the enclosed document.
60. We cannot refund you, but the article/item may be exchanged.
61. These assets will be written off/depreciated over five years.
62. I have taken out a fire and theft insurance policy.
63. Small firms have been the hardest/the worst hit.
64. Buy on credit and sell (for) cash.
65. We have duly booked your order.
66. She is responsible for internal management.
67. The performance of our subsidiary is disappointing.
68. We are looking for new outlets/markets.
69. Such agreements are in restraint of trade.
70. They will get compensation for their losses.
71. Few taxpayers will benefit from the new deduction.

C — CORRIGÉ

72. Domestic consumption is down 5%.
73. Our estimates have been revised upward.
74. The amount/the sum will be transferred to your account.
75. He does not take part in the management of the firm/business/concern.
76. The debt will be rescheduled.
77. Our files have been computerized.
78. The price of crude oil went up/rose/increased (by) 6 per cent last year.
79. Production will be phased out.
80. They now have a 25% stake in our company.
81. One third of our executives are university graduates.
82. I am not sure whether this I.O.U. has any legal value.
83. Our parking facilities/parking lot can accommodate two hundred cars.
84. The government is worried/concerned about the trade deficit/trade gap.
85. We have been invited to tender/to bid.
86. Profits are estimated at several million dollars (are estimated to reach/to be worth several million dollars).
87. Delivery will have to be brought forward.
89. I hope to hear from you soon (I am looking forward to hearing from you soon).
90. The findings of the survey have not yet been made public.
91. Let us have/Please quote us your best terms C.I.F.
92. We have borne most of the expenses.
93. The meeting will be held on March 8.
94. He resigned three weeks ago.
95. This means a 20% return on investment.
96. I have not yet received my statement of account.
97. We have applied for a loan.
98. The project/programme/U.S. program/scheme is financed/funded by the government (is government-funded).
99. The poll/survey shows that our image is improving.
100. They cannot meet their liabilities (pay off their debts)

Index des points traités

Achat/Vente : B1, B4, B9, B11, B13, B14, B18, B29, B30, B31, B37, B60

Assurance : B7, B62, B76, B77

Banque : B17, B52, B96, B97

Bourse : B6, B10, B16, B26, B33, B36, B39, B74

Comptabilité : B27, B28, B35, B38, B43, B61, B73, B85, B95 B100

Droit : B2, B15, B50, B56, B69, B70, B75

Économie : B40, B42, B46, B47, B66, B71, B72, B78, B79, B83, B90, B98

Emploi : B21, B24, B48, B49, B53, B58, B94

Informatique : B63, B77

Paiement et Moyens de paiement : B5, B8, B19, B22, B41, B44, B55, B57, B64, B77, B81

Publicité : B45, B99

Sociétés : B3, B20, B23, B59, B67, B75, B80, B82, B84, B85, B88, B93

Téléphone, B12, B51

Transports/Douanes : B25, B32, B34, B54, B92

Cet ouvrage a été composé par Peter Vogelpoel et Déclinaisons

Imprimé en France par

CPI
BRODARD & TAUPIN

à La Flèche (Sarthe)
en août 2010

POCKET – 12, avenue d'Italie - 75627 Paris cedex 13

N° d'impression : 58799
Dépôt légal : septembre 2010
S20176/01